图书在版编目(CIP)数据

文化中国：中华优秀传统文化.第六册/文新华主编.
—上海：华东师范大学出版社，2022
ISBN 978-7-5760-3105-8

Ⅰ.①文… Ⅱ.①文… Ⅲ.①中华文化—小学—
教学参考资料 Ⅳ.①G624.203

中国版本图书馆CIP数据核字(2022)第143626号

文化中国：中华优秀传统文化 第六册

丛书主编　文新华
本册主编　顾　凤
策划编辑　曹祖红
项目编辑　游胜男
责任编辑　陆奕彤
责任校对　江小华
装帧设计　刘怡霖

出版发行　华东师范大学出版社
社　　址　上海市中山北路3663号　邮编 200062
网　　址　www.ecnupress.com.cn
电　　话　021-60821666　行政传真 021-62572105
客服电话　021-62865537　门市(邮购)电话 021-62869887
地　　址　上海市中山北路3663号华东师范大学校内先锋路口
网　　店　http://hdsdcbs.tmall.com

印 刷 者　上海市崇明县裕安印刷厂
开　　本　787毫米×1092毫米　1/16
印　　张　7.5
字　　数　125千字
版　　次　2022年12月第1版
印　　次　2022年12月第1次
书　　号　ISBN 978-7-5760-3105-8
定　　价　38.00元

出 版 人　王　焰

(如发现本版图书有印订质量问题，请寄回本社客服中心调换或电话021-62865537联系)

亲爱的小朋友，欢迎你的到来！在这里，你将结识两位小伙伴——福福和晓晓，跟随他们一起走进"中华园"，畅游在中华优秀传统文化的世界，读中华经典，学优良传统，通匠心百科。

准备好了吗？一起踏上游园之旅吧！

我是哥哥，名叫福福。我名字中的"福"是我国最古老的汉字之一，在甲骨文中就已经出现。《礼记》中说："福者，备也。备者，百顺之名也，无所不顺者谓之备。""福"即现今人们常用的祝愿语"万事如意"之意。"福福"象征着祖国繁荣昌盛，人民生活富裕。

我是妹妹，名叫晓晓。"晓"本义"天明"，又有"通晓、知晓"的含义。"晓晓"寓示着小朋友们畅游在中华园中，能学习知晓中华博大精深的传统文化，以文明规范之行为传承中华文化。

游园任务单

中华园由经典园、传统园、百科园三个园区组成,每个园区包含若干个场馆,每个场馆都代表着中华优秀传统文化的一个方面。每逛完一个场馆,都会让你对传统文化有一层新的领悟。在本次游园活动中,有两项任务等待你去完成哦!

任务1:请按照游园行程单,认真游览每一个场馆,感受博大精深的传统文化。

任务2:每个场馆都有"趣味闯关夺宝珠"的游戏,如果能顺利闯关,你将能助"中华祥龙"获得一枚宝珠。

真心期待着你能运用在中华园中了解到的传统文化知识,一路过关斩将,展现"龙的传人"的风采!

目 录

游园行程单

教你读中华经典

第一站：汉字园　001
　　汉字造字法　　003
　　近义词和反义词　005

第二站：成语林 　008
　　四字成语　　　010
　　非四字成语　　015

第三站：谚语亭 　021
　　源于典籍的谚语　023

第四站：诗词坊 　031
　　金鞍骏马诗　　033
　　花香鸟语诗　　037

第五站：寓言苑 　041
　　庄子寓言故事　　043

领你学优良传统

第六站：民族源 　054

　　不朽的铮铮英雄　056

第七站：礼仪桥 　062
　　餐桌礼仪文化——筷子　064

带你通匠心百科

第八站：数学宫 　069
　　中国古代测量技术　071

第九站：天文台 　077
　　中国古代天文人物　079

第十站：工艺斋 　085
　　木器　　　　　087
　　漆器　　　　　089
　　竹器　　　　　092

第十一站：艺术廊 098
　　刺绣　　　　　100

第十二站：游乐场 104
　　跳绳　　　　　106

汉字四四方，优美世无双。

甲骨刻卜辞，钟鼎铭辉煌。

竹简记春秋，绢帛录诗行。

笔墨传信息，妙字组华章。

篆隶草楷行，欧柳颜赵王。

横平竖又直，龙飞凤也翔。

要想学得棒，常来汉字园。

汉字，又称中文字、中国字、方块字，是目前世界上仍被广泛使用的历史最久远的高度发达的文字。汉字的笔画好玩，汉字的字形有趣，想了解吗？一起走进汉字园吧！

汉字造字法

中国是最早形成文字学的国家。中国文字学的奠基者为东汉的著名学者许慎。从汉朝以来，相沿有"六书"的说法。六书之首，就是象形法。一般来说，汉字的造字方法有象形、指事、会意、形声、转注和假借。但严格说来，转注和假借这两种应属于用字的方法。

象形

象形字来自图画文字，但是图画性质减弱，象征性质增强，是一种最原始的造字方法。其局限性很大，因为有些事物是画不出来的。

例如，"月"字像一弯明月；"龟"字像一只龟的侧面；"马"字就像一匹有马鬣、有四条腿的马；"鱼"字像一尾有鱼头、鱼身、鱼尾的游鱼；"艸"（草的本字）字像两束草；"门"字就像左右两扇门；而"日"字是一个圆形，中间有一点，很像我们在直视太阳时所看到的形态。

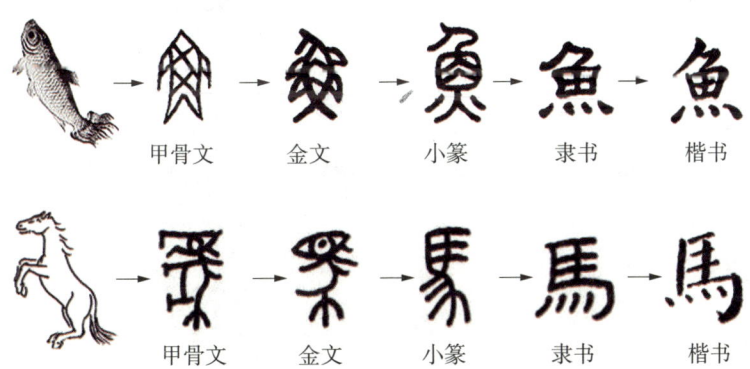

指事

指事与象形的主要分别是，指事可以表达绘画中较抽象的东西。

例如，"刃"字是在"刀"的锋利处加上一点，以作标示；"凶"字是在陷阱处加上交叉符号；"上""下"二字则是在主体"一"的上方或下方画上标识符号；"三"则是由三横来表示。

会意

会意字由两个或多个独体字组成，由各组成部分的字形或字义合并起来表达此字的意思。

例如，"酒"字，以酿酒的瓦瓶"酉"和液体"水"合起来表达字义；"解"字，以用"刀"把"牛"和"角"分开来表达字义；"鸣"指鸟的叫声，由"口"和"鸟"组合而成。

形声

形声字由两部分组成：形旁（又称"义符"）和声旁（又称"音符"）。形旁指示字的意思或类属，声旁则表示字的相同或相近发音。

例如，"樱"字，形旁是"木"，表示它是一种树木，声旁是"婴"，表示它的发音与"婴"字一样；"齿"字的下方是形旁，画出了牙齿的形状，上方的"止"是声旁，表示这个字与"止"读音相似。

近义词和反义词

近义词

汉语中的近义词，如同满园的鲜花，五彩纷呈，香气各异。只要对近义词精心选用，恰当布局，就能充分表达思想感情，使文章生辉。精心选用近义词，就可以用同样的概念表达不同的感情色彩。

常用近义词：

观——看　寒——冷　舟——船　暖——热
鸣——叫　去——往　铺——展　入——进
归——回　遥——远　瞅——看　藏——躲
看——瞧　望——看　绝——尽　叫——喊
遨游——漫游　即令——即使　疲惫——疲倦　愧疚——内疚
轻视——渺视　担心——担忧　神秘——神奇　巧妙——奇妙
惊叹——惊奇　惊异——惊奇　奇特——奇异　诚挚——真诚
忠诚——忠实　普遍——普通　细微——细小　渺小——微小
描绘——描述　猛烈——强烈　罕见——少见　围绕——环绕
规划——计划　明丽——明艳　期待——等待　欣赏——观赏
赏识——赞赏　琢磨——思索　飞驰——奔驰　宽广——广阔
偶然——偶尔　硕大——巨大　幽静——幽寂　沉静——寂静
吸取——汲取　萌芽——发芽　思考——思索　屹立——矗立
渴望——渴求　陈设——陈列　疲劳——疲惫　惊恐——害怕
诞生——降生　凄苦——凄凉　绚烂——灿烂　寂寞——孤独
刹那——瞬间　凝视——凝望　炽热——炽烈　殷勤——热情

反义词

反义词就是两个意思相反的词，包括绝对反义词和相对反义词。反义词是约定俗成的，大家都这样理解，不以上下文或语境为转移。

常用反义词：

前——后　冷——热　高——矮　进——退
死——活　快——慢　轻——重　缓——急
宽——窄　强——弱　大——小　多——少
松——紧　好——坏　美——丑　善——恶
是——非　闲——忙　来——去　分——合
存——亡　动——静　浓——淡　偏——正
饥——饱　爱——恨　升——降　开——关
始——终　胖——瘦　迎——送　盈——亏
真——假　虚——实　有——无　雅——俗
是——否　稀——密　粗——细　东——西
正常——异常　非凡——平凡　特别——一般　扫兴——高兴
轻蔑——敬重　开心——苦闷　寻常——异常　违背——遵循
怀疑——相信　强盛——衰败　尊重——侮辱　激烈——平静
嘈杂——寂静　美丽——丑陋　信奉——背弃　失信——守信
率领——追随　退化——进化　凝结——溶解　伟大——渺小
聚拢——分散　增添——减少　活泼——呆板　鲜艳——暗淡
严寒——酷暑　安谧——嘈杂　温暖——凉爽　柔和——严厉

趣味闯关夺宝珠

小关卡一：连一连

近义词：

归　　　　　　远

幽静　　　　　回

遥　　　　　　幽寂

沉静　　　　　巨大

硕大　　　　　寂静

反义词：

虚　　　　　　俗

雅　　　　　　溶解

信奉　　　　　背弃

凝结　　　　　实

安谧　　　　　嘈杂

小关卡二：猜一猜

猜一猜下列象形字分别是什么字，将楷体字形填写在横线上。

教你读中华经典

第二站

成语林

汉语世界天地广,成语王国占一席。

数字成语趣味多,动物成语涵义深。

四季成语美如画,名人成语典故久。

多读成语受益深,传统文化要牢记。

小朋友们,欢迎来到成语林,在这里,你会学到十个四字成语和十个非四字成语,并阅读两个成语故事。最后,做做小练习,看看你增长了多少成语知识吧!

四字成语

养精蓄锐

出　处

明代罗贯中《三国演义》第34回："且待半年，养精蓄锐，刘表、孙权可一鼓而下也。"

释　义

指养精蓄锐，养足精神，积蓄力量。也指保存部队的战斗力，准备新的战斗。

批郤导窾

出　处

《庄子·养生主》中的《庖丁解牛》一文："依乎天理，批大郤，导大窾，因其固然。"

释　义

批：击。郤：空隙。窾：骨节空处。

意思是从骨头接合处批开，无骨处则就势分解。比喻善于从关键处入手，顺利解决问题。

焚膏继晷

出　处

唐代韩愈《进学解》："焚膏油以继晷，恒兀兀以穷年。"

释 义

夜里点了油灯，继续白天的事。形容夜以继日地勤奋学习、工作等。

骨鲠在喉

出 处

汉代许慎《说文解字》："鲠，食骨留咽中也。"段玉裁注："韦曰：'骨所以鲠，刺人也。'忠言逆耳，如食骨在喉，故云骨鲠之臣。《汉书》以下皆作骨鲠，字从鱼，谓留咽者鱼骨较多也。"

释 义

鲠：鱼刺，鱼骨。喉：嗓子。

意思是鱼骨头卡在喉咙里。比喻心里有话没有说出来，非常难受。

问道于盲

出 处

唐代韩愈《答陈生书》："足下求速化之术，不于其人，乃以访愈，是所谓借听于聋，求道于盲。"

释 义

向瞎子问路。比喻求教于一无所知者，没有助益，不解决问题。

先斩后奏

出 处

《汉书·申屠嘉传》："吾悔不先斩错乃请之。"颜师古注："言先斩而后奏。"《新五代史·梁臣传·朱珍》："珍偏将张仁遇珍曰：'军中有犯令者，请先斩而后白。'"

释义

斩：砍头。奏：进，上，包括进言、上书、呈进财务等，通常指臣子对皇帝的报告。

原指臣子先把人处决了，然后再报告帝王。现比喻未经请示就先做了某事，造成既定事实，然后再向上级报告。

外强中干

出处

《左传·僖公十五年》："今乘异产以从戎事，及惧而变，……外强中干，进退不可，周旋不能，君必悔之。"

释义

干：枯竭。

形容外表强壮，内里空虚。多用于形容一个人的体质、经济能力，或国家实力等。

不寒而栗

出处

《史记·酷吏列传》："是日皆报杀四百余人，其后郡中不寒而栗，猾民佐吏为治。"

释义

指天不寒冷却发抖。形容非常害怕、恐惧。

不胫而走

出 处

汉代孔融《论盛孝章书》:"珠玉无胫而自至者,以人好之也,况贤者之有足乎?"

释 义

胫:小腿。走:跑。

形容没有腿却能跑。原喻贤才投奔慕贤者。现比喻消息无须推行宣传,就已迅速地传播开去。

分道扬镳

出 处

《魏书·河间公齐传》:"洛阳我之丰沛,自应分路扬镳。自今以后,可分路而行。"

释 义

分路而行。比喻目标不同,各走各的路或各干各的事。

成语故事会

空中楼阁

很久以前,山村里有一位财主。他非常富有,但生性愚钝,尽做傻事,所以常遭到村人嘲笑。

有一天,傻财主到邻村的一位财主家做客。他看到一幢三层楼高的新屋，这幢屋子宽敞明亮、高大壮丽。他心里非常羡慕，心想："我也很有钱，而且并不比他的少。他有这样一幢楼，而我却没有，这像什么话呢？"一回到家，他马上派人把工匠找来，问道："邻村新造的那幢楼，你们知道是谁造的吗？"

工匠们回答道："知道，那幢楼是我们几个造的。"

傻财主一听，非常高兴，说："好极了，你们照样子再给我盖一次。记住要三层楼的房子，要和那幢一模一样。"

工匠们一边答应，一边心里嘀咕："不知这次他又会做出什么傻事来。"可是不管怎样，还得照吩咐去做，所以大家便各自忙开了。

过了几天，傻财主来到工地，东瞅瞅，西瞧瞧，心里十分纳闷，便问正在打地基的工匠："你们这是在干什么？"

工匠回答："造一幢三层楼高的屋子呀，是照您吩咐干的。"

傻财主急了："不对，不对。我要你们造的是那第三层楼的屋子。我只要最上面的那层，下面那二层我不要，快拆掉。先造最上面的那层。"

工匠们听后哈哈大笑，说："只要最上面那层，我们不会造，您自己造吧！"

工匠们走了，傻财主望着房基发愣。他不知道，只要最上面一层，不要下面两层，那是再高明的工匠也造不出来的。

成语"空中楼阁"便是从这个故事来的，指没有基础地建在半空中的楼阁。人们常用它来讥讽那种不切合实际的主观空想，或比喻脱离实际的理论、计划等。

非四字成语

莫须有

出处

《宋史·岳飞传》:"狱之将上也,韩世忠不平,诣桧诘其实。桧曰:'飞子云与张宪书虽不明,其事体莫须有。'世忠曰:'莫须有三字何以服天下?'"

释义

也许有。形容无中生有。

邯郸梦

出处

宋代王安石《中年》:"中年许国邯郸梦,晚岁还家圹垠游。"

释义

邯郸:古赵国都城。
比喻虚幻不能实现的梦想。

薰莸不同器

出处

《孔子家语·观思》:"回闻薰莸不同器而藏,尧桀不共国而治,以其类异也。"

释 义

薰：香草，比喻善类。莸：臭草，比喻恶物。

香草和臭草不可以放在一个器物里。比喻好和坏不能共处。

心之官则思

出 处

《孟子·告子上》："心之官则思，思则得之，不思则不得也。"

释 义

心：古人认为心是思维器官，所以把思想的器官、感情等都说作心，现指脑筋。官：官能，作用。

脑筋的官能就是思维。

蚍蜉撼大木

出 处

宋代赵与时《宾退录》第二卷："蚍蜉撼大木，多见不知量也。"

释 义

蚂蚁想摇动大树。比喻不自量力。

时势造英雄

出 处

近现代梁启超《李鸿章传》："时势造英雄，英雄亦造时势。"

释 义

时势：一段时期内的客观形势。

意思是特定的历史条件（如社会动荡），使人的聪明才智显露出来，并相互作用，使之成为英雄人物。

泰山不让土壤

出　处

战国时期李斯《谏逐客书》："泰山不让土壤，故能成其大；河海不择细流，故能就其深。"

释　义

泰山不排除细小的土石，所以能那么高。比喻人度量大，能包容不同的事物。

止谤莫若自修

出　处

《新唐书·魏谟传》："谚曰：'止寒莫若重裘，止谤莫若自修。'惟陛下崇千载之盛德，夫一旦之玩好。"

释　义

止：停止，平息。谤：指责。
要阻止别人毁谤，最好的方法是修身。

置之死地而后生

出　处

《孙子·九地》："投之亡地而后存，陷之死地然后生。"

释　义

原指作战把军队布置在无法退却、只有战死的境地，士兵就会奋勇前进，杀敌取胜。后比喻事先断绝退路，就能下决心，取得成功。

智者千虑必有一失，愚者千虑必有一得

出　处

《史记·淮阴侯列传》："广武君曰：'臣闻智者千虑，必有一失；愚者千虑，必有一得。'……"

释　义

智：聪明，智慧。虑：思考，谋划。愚：蠢笨，无知。得：得到，获得。

聪明的人在许多次考虑中，总会有一次失误；愚笨的人在许多次考虑中，总会有一次收获。

成语故事会

杯酒释兵权

建隆二年（961）七月初九日。晚朝时，宋太祖把石守信等禁军高级将领留下喝酒，酒兴正浓时，宋太祖突然屏退侍从。他叹了一口气，口吐苦衷，说："我若不是靠你们出力，是到不了这个地位的，为此我内心一直念及你们的功德。但是啊，做皇帝太难了，还不如做节度使快乐，我整个夜晚都不敢安枕而卧啊！"石守信等人惊骇地忙问其故，宋太祖继续说："这不难知道，我这个皇帝的位置谁不想要呢？"

石守信等人听了，知道这话中有话，连忙叩头说："陛下何出此言，天命已定，谁还敢有异心呢？"

宋太祖说："不对，你们虽然无异心，然而你们部下如果想要富贵，把黄袍加在你们身上，即使你们不想当皇帝，到时候恐怕也是身不由己了。"

这些将领知道已经受到宋太祖的猜疑，弄不好还会引来杀身之祸，一时

都惊恐地哭了起来,恳请宋太祖给他们指明一条可生之途。

宋太祖缓缓说道:"人生在世,像白驹过隙那样短促,所以要得到富贵的人,不过是想多聚金钱,多多娱乐,使子孙后代免于贫乏而已。你们不如放弃兵权,到地方去,多置良田美宅,为子孙立长远产业;同时多养些歌姬,日夜饮酒相欢,以终天年;君臣之间,两无猜疑,上下相安,这样不是很好吗?"

石守信等人见宋太祖已经把话讲得很明白,再也没有回旋的余地,而且当时宋太祖已经牢牢控制着中央禁军,几个将领没有其他办法,只得俯首听命,并表示感谢太祖恩德。

第二天,石守信等人上表声称自己有病,纷纷要求解除兵权。宋太祖欣然同意,下令罢去他们的禁军职务,让他们到地方任节度使,并废除了殿前都点检和侍卫亲军马步军都指挥使。

第三天,禁军分别由殿前都指挥使司、侍卫亲军马军都指挥使司和侍卫亲军步军都指挥使司,即所谓的三衙统领。在解除石守信等宿将的兵权后,宋太祖另选一些资历浅、个人威望不高、容易控制的人担任禁军将领。于是禁军领兵权析而为三,让名位较低的将领掌握三衙,这也就意味着皇权对军队控制的加强。

之后,宋太祖还兑现了与禁军高级将领联姻的承诺,把守寡的妹妹嫁给高怀德,再后来又把自己的女儿嫁给石守信和王审琦的儿子,

宋太祖赵匡胤

让三弟赵光美娶张令铎的女儿。这番操作后,宋太祖当年执掌兵权的结义兄弟的禁军职务全部被解除,并且从此以后这些职务不再授予他人。石守信虽然保留着"侍卫都指挥使"的头衔,却已经没有任何实权。

另一方面,宋太祖又派李汉超镇守关南、马仁瑀镇守瀛州、韩令坤镇守常山、贺惟忠镇守易州、何继筠镇守棣州、郭进镇守西山、武守琪镇守晋阳、李谦溥镇守隰州、李继勋镇守昭义、赵赞镇守延州、姚内斌镇守庆州、董遵诲镇守环州、王彦升镇守原州、冯继业镇守灵武,"管榷之利,悉以与之,其贸易则免征税。故边臣皆富于财,以养死士,以募谍者,敌人情状,山川道路,罔不睹而周知之。故十余年无西、北之忧也"。

趣味闯关夺宝珠

小关卡一：成语寓意对对碰

第一组：

最荒凉的地方　　天涯海角
最遥远的地方　　一字千金
最长的一天　　　不毛之地
最昂贵的文章　　度日如年
最赚钱的生意　　一本万利

第二组：

喻招来灾难　　　　狐死兔泣
喻同类悲伤　　　　引狼入室
喻粗略地观察事物　逐鹿中原
喻在中原争夺天下　盲人摸象
喻非常寂静　　　　鸦雀无声

小关卡二：成语填空

◎ 养＿＿蓄＿＿　焚＿＿继＿＿
　不＿＿而栗　不＿＿而走　分＿＿扬镳
◎ ＿＿＿＿不同器　＿＿＿＿不让土壤　蚍蜉＿＿＿＿＿＿
　时势造＿＿＿＿　智者千虑必有一失，＿＿＿＿＿＿＿＿

谚语民间广流传，口口传诵历百年。

人民生活积经验，通过实践来总结。

讲美德呀谈生活，聊学习呀树志向。

报天气呀动手做，述真理呀勤读书。

论励志呀懂哲理，学社交呀说环保。

通俗易懂好理解，类别繁多数不清。

谚语是广泛流传于民间的言简意赅、通俗易懂的短语,反映了劳动人民的生活实践经验和智慧。本次谚语亭游览活动将带领大家了解几条源于典籍的谚语。

源于典籍的谚语

由俭入奢易，由奢入俭难

出　处

明代周怡《勉谕儿辈》："由俭入奢易，由奢入俭难。饮食衣服，若思得之艰难，不敢轻易费用。酒肉一餐，可办粗饭几日；纱绢一匹，可办粗衣几件。不馋不寒足矣，何必图好吃好着？常将有日思无日，莫等无时思有时，则子子孙孙，常享温饱矣。"

释　义

由俭朴转变到奢侈很容易，由奢侈转变到俭朴却很难。

例　句

古今中外许多名人，都把节俭作为自己崇尚的生活准则和传统美德。他们清楚地知道"由俭入奢易，由奢入俭难"的道理，即使有些人很富有，也特别重视对子女或青少年一代的节俭教育。

貂不足，狗尾续

出　处

《晋书·赵王伦列传》："每朝会，貂蝉盈坐，时人为之谚曰：'貂不足，狗尾续。'"

释　义

貂为一种皮毛珍贵的动物，皇帝的侍从、朝廷的官员都用貂尾作帽子的装饰。据《晋书·赵王伦列传》记载，当时由于任官太滥，貂尾不足，就用狗尾代替，是为"貂不足，狗尾续"，后来演化为"狗尾续貂"。比喻拿不好的东西补接在好的东西后面，前后两部分非常不相称。

例 句

鲁迅《准风月谈·由聋而哑》中写道："散文，在文苑中算是成功的，但试看今年的选本，便是前三名，也即令人有'貂不足，狗尾续'之感。"

二人同心，其利断金

出 处

《周易·系辞上》："二人同心，其利断金；同心之言，其臭如兰。"

释 义

利：锋利。断：砍断，折断。

两个人同心合意，其锋利程度能把金属切开。比喻只要两个人一条心，就能发挥很大的力量。泛指团结合作。

例 句

在学校举行的拔河比赛中，我们必须要劲往一块儿使，正所谓"二人同心，其利断金"，只有相互配合，协同一致，才有可能取得胜利。

风声鹤唳，草木皆兵

出 处

《晋书·谢玄传》："闻风声鹤唳，皆以为王师已至。"《晋书·苻坚载记》："坚与苻融登城而望王师，见部阵齐整，将士精锐；又北望八公山上草木皆类人形。"

释义

唳：鸟鸣。

听到风声和鹤叫声，都疑心是追兵。把山上的草木都当作敌兵。形容人在惊慌时疑神疑鬼。

例 句

我方打了胜仗，敌人被吓得"风声鹤唳，草木皆兵"，四处逃散。

焚林而田，竭泽而渔

出 处

汉代刘安《淮南子·本经训》："钻燧取火，构木为台，焚林而田，竭泽而渔。"

释义

竭：使……干涸。渔：打鱼。

烧毁森林捕捉野兽，排干湖水去捕鱼。比喻只顾眼前的利益，无止境地索取而不留余地。

例 句

"焚林而田，竭泽而渔"等有摧毁性和伤害性的行为对地球的危害是很大的。我们要保护地球，保护我们自己的家园。

满招损，谦受益

出 处

《尚书·大禹谟》："满招损，谦受益，时乃天道。"

释 义

自满会招来损害，谦虚却会得到益处。这句话点明了自满和谦虚的弊与利。自满使人沾沾自喜，裹足不前；谦虚才能使人进步，不断有所得。

例 句

晋朝的石崇与王恺，两个人斗富，比谁更有钱。王恺做紫丝步障，长四十里，石崇就做锦步障，长五十里。王恺炫耀皇上赐给他的二尺高的珊瑚，石崇拿起铁如意击碎珊瑚，然后从家中拿出许多珊瑚（高三四尺的就有六七株，二尺左右的就更多了），把其中的一株赔给了王恺。后来石崇因为犯罪，家破人亡，他叹气说道："你们杀我的目的，不就是想要得到我的家产吗！"石崇到临死之前才醒悟，如果他能够早些知道自夸的害处的话，就不会自夸了。满招损，谦受益，过分骄傲，灾祸就不远啦。

言者无罪，闻者足戒

出 处

《诗经·大序》："言之者无罪，闻之者足以戒。"

释 义

戒：防备、警惕。

提意见的人只要是善意的，即使提得不正确也是无罪的；听取意见的人即使没有对方所提的缺点或错误，也要引以为戒。

例 句

"言者无罪，闻者足戒"这句话告诉我们，要虚心听取别人的意见，有则改之，无则加勉。只有善于听取别人意见，努力改进，我们才能不断地完善自己，提高自己。一个人如此，一个集体、一个民族、一个国家也要有这种精神。

业精于勤，荒于嬉；行成于思，毁于随

出 处

唐代韩愈《进学解》："业精于勤，荒于嬉；行成于思，毁于随。"

释 义

学业由于勤奋而专精，由于玩乐而荒废；德行由于独立思考而有所成就，由于因循随俗而败坏。

例 句

古往今来，多少成就事业的人是由于"业精于勤，荒于嬉；行成于思，毁于随"，又有多少的历史典故正说明了这个道理。

人无远虑，必有近忧

出 处

《论语·卫灵公》："子曰：'人无远虑，必有近忧。'"

释 义

虑：考虑。忧：忧愁。

人如果没有长远的规划、打算，那么必定会有马上到来的忧患。这句话常用来提醒人们应有忧患意识，不要打无准备之仗。

例 句

已到而立之年，你却还在混日子。"人无远虑，必有近忧"，你不能再这样浑浑噩噩地过日子了。

谚语故事会

说曹操，曹操就到

"说曹操，曹操就到"，典故来自《三国演义》，是说曹操耳目众多，动作迅速，随时都可能出现在你我面前，因此大家必须要小心提防。现在则用于在谈论到某人或关于他的事情时，被说到的人突然出现在说话者面前，常常给人惊喜。

汉献帝在李傕与郭汜火拼时曾一度脱离险境，然而李郭二人合兵一处后继续追拿汉献帝。这时有人向汉献帝献计，推荐了曹操，说他平剿青州黄巾军有功，可以救驾。然而信使尚未出发，联军已经杀到，眼看走投无路之际，夏侯惇奉曹操之命率军"保驾"，将李郭联军击溃，曹操被加封官爵。故有"说曹操，曹操到"之说。

《三国演义》第十四回"曹孟德移驾幸许都"也写道："且说曹操在讨伐董卓之后，曾任东郡太守。当时山东黄巾又起，他与济北相鲍信共同讨伐黄巾，招安降兵三十余万。自此曹操威名日重，被朝廷加封为镇东将军。董承、杨奉护驾至洛阳后，仍担心李傕、郭汜来犯，故奏请汉献帝，宣曹操入朝，以辅王室。操接旨后，尽起山东之兵，赶来洛阳护驾。刚到洛阳城外，适逢李傕、郭汜领兵来攻洛阳。"

羊有跪乳之恩，鸦有反哺之义

很早以前，母羊生了一只小羊羔。羊妈妈非常疼爱小羊，晚上睡觉让它依偎在身边，用身体暖着小羊，让小羊睡得又熟又香。白天吃草，又把小羊带在身边，形影不离。遇到别的动物欺负小羊，羊妈妈用头抵抗保护小羊。一次，羊妈妈正在喂小羊吃奶，一只母鸡走过来说："羊妈妈，近来你瘦了很多，吃进去的东西都让小羊吸收了。你看我，从来不管小鸡们的吃喝，全由它们自己去扑腾呢。"羊妈妈不客气地说："你多嘴多舌搬弄是非，到头来犯下拧脖子的死罪，还得挨一刀，对你有啥好处？"气走母鸡后，小羊说："妈妈，您对我这样疼爱，我怎样才能报答您的养育之恩呢？"羊妈妈说："我不要你报答，只要你有这一片孝心就心满意足了。"小羊听后，不由得流下眼泪，"扑通"跪倒在地，表示难以报答慈母的一片深情。从此，小羊每次吃奶都是跪着。它知道是妈妈用奶水喂大它的，跪着吃奶是感激妈妈的哺乳之恩。这就是"羊羔跪乳"。

乌鸦反哺也是让人感动的一则事例。乌鸦是一种通体漆黑、面貌丑陋的鸟，因为人们觉得它们不吉利而遭到人类普遍厌恶，但它们却拥有一种真正的值得我们人类普遍称道的美德——养老、爱老、孝老，并且在这些方面堪称动物中的楷模。据说，小乌鸦在乌鸦妈妈的哺育下长大，当乌鸦妈妈年纪大了，飞不动了，不能外出觅食的时候，长大的小乌鸦就四处去

清·郎世宁《开泰图》

寻找食物，衔回来嘴对嘴地喂给妈妈，从不感到厌烦，一直到妈妈临终，再也吃不下东西为止。这就是人们常说的"乌鸦反哺"。

趣味闯关夺宝珠

小关卡一：谚语连线

第一组：

山大无柴　　　　天外有天

山外有山　　　　树大空心

山高树高　　　　水有深浅

山有高低　　　　井深水凉

山中无老虎　　　猴子称大王

第二组：

十帮一易　　　　百年树人

十年树木　　　　百里认衣

十个钱要花　　　一帮十难

十里认人　　　　一个钱要省

十年栽树　　　　百年歇凉

小关卡二：谚语填空

◎ ＿＿＿＿＿＿＿，闻者足戒。

◎ 貂不足，＿＿＿＿＿＿＿。

◎ ＿＿＿＿＿＿＿，由奢入俭难。

◎ 二人同心，＿＿＿＿＿＿＿。

◎ ＿＿＿＿＿＿＿，竭泽而渔。

教你读中华经典

第四站

中华古诗真美妙,唐诗宋词都不少。

平平仄仄有规律,抑扬顿挫节奏好。

鱼虫鸟兽摹自然,小桥流水展乾坤。

千里澄江垂钓乐,深山幽林仰天啸。

牙牙学语念春晓,苍苍白发记到老。

多读多诵记得牢,启人心智是瑰宝。

马和鸟是中国古代诗歌常见的吟咏对象。诗人们往往通过形象生动的语言描写马和鸟的形貌、习性等，寄寓自身特定的思想或情感。让我们走进诗词坊，去读一读写马和写鸟的古诗吧！

金鞍骏马诗

天马歌（节选）

[唐] 李 白

天马来出月支窟，背为虎文龙翼骨。
嘶青云，振绿发，兰筋权奇走灭没。
腾昆仑，历西极，四足无一蹶。
鸡鸣刷燕晡秣越，神行电迈蹑慌惚。

赏 析

天马来自月支窟那个地方，它脊背的毛色如同虎纹一样漂亮，骨如龙翼一样坚韧有力。天马仰天而嘶，声震青云；它摇动着的鬃毛，像绿发一样明亮。它兰筋权奇，骨相神骏，飞跑起来，倏然而逝，连影子也看不清楚。它腾迈昆仑，飞越西极，四蹄生风，从不失足。鸡鸣时它还在燕地刷毛理鬃，傍晚时它已在越地悠闲地吃草了。其神行之速真如电闪一般，只见其影而不见其形。

这里诗人以天马的神异来喻自己的卓越才能。对于自己的才能，李白一向是非常自负的，甚至于在不了解他的人看来，简直是说大话；而了解他的人，都称他有王霸之才，堪为帝王之佐。

当代·徐悲鸿《骏马图3》

房兵曹胡马

［唐］杜 甫

胡马大宛名，锋棱瘦骨成。
竹批双耳峻，风入四蹄轻。
所向无空阔，真堪托死生。
骁腾有如此，万里可横行。

赏 析

当代·徐悲鸿《骏马图》

房兵曹的这一匹马是产自大宛国的名马，它那精瘦的筋骨像刀锋一样突出分明。它的两耳如斜削的竹片一样尖锐，跑起来四蹄生风，好像蹄不践地一样。这马奔驰起来，从不以道路的空阔辽远为难，骑着它完全可以放心大胆地驰骋沙场，甚至可以托付生死。拥有如此奔腾快捷、堪托死生的良马，真可以横行万里之外，为国立功了。

诗人杜甫很爱马，也善于骑马，他写过不少咏马诗。这首诗风格豪迈，凛凛有生气，反映了青年杜甫锐意进取的精神。

马诗二十三首·其四

［唐］李 贺

此马非凡马，房星本是星。
向前敲瘦骨，犹自带铜声。

赏 析

这匹马不像是人间的凡马，似乎是天上的房星下凡。它看上去瘦骨嶙峋，可你如果上前去敲一敲它的瘦骨，好像还能听见铮铮的铜声。

这首诗通过马表现贤才的雄心壮志及其怀才不遇,表达了诗人想要报效国家及对施展抱负的广阔空间的渴望。

南宋·龚开《骏骨图》

老马

[唐]姚 合

卧来扶不起,唯向主人嘶。
惆怅东郊道,秋来雨作泥。

赏 析

元·赵雍《马猿猴图》

老马一觉卧睡醒来,却发现自己无论怎样扶着身旁的围栏都站不起来,只有向主人发出一声声的嘶叫。想到东边郊区的道路,现在正是秋天,下雨的时候,雨点落在泥里,与之融为一体,也就成为了泥。

这首诗表达了作者虽然怀有远大的志向,却年老体弱,对不能有所作为而惆怅不已。

紫骝马

[唐]李 白

紫骝行且嘶,双翻碧玉蹄。
临流不肯渡,似惜锦障泥。
白雪关山远,黄云海戍迷。
挥鞭万里去,安得念春闺。

赏 析

枣红色的骏马一边奔驰一边鸣叫着,它那碧玉般的蹄子上下翻飞。来到河边它不肯渡水,好像在怜惜身上披着的锦缎障泥。与吐蕃接壤的白雪戍是那么的遥远,黄云戍迷离不见。挥动马鞭奔赴万里之外,怎能贪恋家室的温馨呢?

这首诗表达的是诗人即将远赴边塞时的矛盾心情。他十分渴望立功边塞,但踏上遥远的征途时总不免对家乡有些恋恋不舍之情。

当代·徐悲鸿《早年骏马图》

花香鸟语诗

桐花鸟

［唐］可　朋

五色毛衣比凤雏，深花丛里只如无。
美人买得偏怜惜，移向金钗重几铢。

赏析

桐花鸟羽毛色彩斑斓，犹如小小的凤凰鸟。由于它体态娇小，在花丛之中稍不注意根本就发现不了。那些爱美的妇人买到这种鸟后对它十分地珍爱，常将它放在金钗上作为头饰，因为它体形娇小，放上它也不过是在金钗上增添几铢的重量罢了。

这首小诗描绘了桐花鸟玲珑美丽的形态，以及人们对它的喜爱之情。

清·禹之鼎《桐禽图》轴

孔雀

［唐］李　郢

越鸟青春好颜色，晴轩入户看咕衣。
一身金翠画不得，万里山川来者稀。
丝竹惯听时独舞，楼台初上欲孤飞。
刺桐花谢芳草歇，南国同巢应望归。

赏析

来自南方的孔雀有着好看的羽毛，晴天的时候飞入有窗的长廊或小屋，

清·佚名《玉兰孔雀图》

用嘴梳理着自己的羽毛。它那一身金色翠绿的羽毛是人不能描画得出来的。在这万里连绵的群山里很少有人的到来，只有那听惯了丝竹之声的孔雀时而独自展开自己美丽的羽毛，跳着动人的舞蹈。孤单的它才来到楼台又要孤单地飞翔。山芙蓉（刺桐花）凋谢了，芳草也枯萎了，遥远南方的巢里其他的孔雀应当在盼望它的归去。

这首诗写的是作者一个人怀着美好的梦想孤身来到离家很远的地方。在那里他一个人感受着孤独，自娱自乐，只有那间空空的小屋陪着他。在那里他想起了他南方的家，那家里的人一定在盼望着他的回归。

浴浪鸟

［唐］卢照邻

独舞依磐石，群飞动轻浪。
奋迅碧沙前，长怀白云上。

赏析

（浴浪鸟）在磐石上独自起舞，群飞时惊起轻微的波浪。在碧沙前迅疾地奋飞，心中经常想着白云之上。

在这首诗中，作者把自己比成浴浪鸟，表明了其高远的志向。

归燕诗

［唐］张九龄

海燕虽微眇，乘春亦暂来。
岂知泥滓贱，只见玉堂开。
绣户时双入，华堂日几回。

无心与物竞，鹰隼莫相猜。

赏析

海燕是细微渺小的，趁着春天也只是暂时回到北方。它不知道泥渣的卑贱，只要看到玉饰的殿堂开着，就一天好几次成双地出入华丽的居室，衔泥作窠。海燕无心与其他动物争权夺利，鹰隼不必猜忌、中伤它。

本诗咏物抒怀，既写燕又写人，是张九龄的自我写照。

画眉鸟

［宋］欧阳修

百啭千声随意移，山花红紫树高低。
始知锁向金笼听，不及林间自在啼。

赏析

千百声的鸟的鸣叫声，随着自己的心意任意回荡着，（声音来自那）山花万紫千红绽放的高低有致的林木里。这才明白：（以前）听到的锁在金笼内的画眉的叫声，远比不上鸟儿悠游林中时的自在啼唱。

这首诗前两句写景，后两句抒情，从中可以看出诗人挣脱羁绊、向往自由的心理。

清·吴璋《花鸟图册》

趣味闯关夺宝珠

小关卡一：诗词连线

第一组：

天马来出月支窟　　　万里可横行

向前敲瘦骨　　　　　唯向主人嘶

卧来扶不起　　　　　背为虎文龙翼骨

紫骝行且嘶　　　　　犹自带铜声

骁腾有如此　　　　　双翻碧玉蹄

第二组：

五色毛衣比凤雏　　　群飞动轻浪

丝竹惯听时独舞　　　深花丛里只如无

独舞依磐石　　　　　楼台初上欲孤飞

海燕虽微眇　　　　　不及林间自在啼

始知锁向金笼听　　　乘春亦暂来

小关卡二：诗词填空

人闲桂花落，　　　　　　两个黄鹂鸣翠柳，

＿＿＿＿＿＿＿。　　　＿＿＿＿＿＿＿。

月出惊山鸟，　　　　　　窗含西岭千秋雪，

＿＿＿＿＿＿＿。　　　＿＿＿＿＿＿＿。

 教你读中华经典

 第五站

庄子寓言想象丰富，

意出尘外怪生笔端，

行所欲行止所欲止，

汪洋辟阖仪态万方，

中国古代典籍瑰宝。

司马迁认为,庄子的寓言大多"皆空语无事实"。的确,这些寓言是庄子本人虚构而成的,他在其中并没明白、精确地点明他要说明的道理,而是靠那卓异的形象思维,通过故事自然流露出来。本次寓言苑的活动中,将带领大家认识一些庄子寓言故事。希望大家通过自己的智慧和灵悟的直觉,能够通彻明察。

庄子寓言故事

河伯与北海若（节选）

秋水时至，百川灌河。泾流之大，两涘渚崖之间，不辩牛马。于是焉河伯欣然自喜，以天下之美为尽在己。顺流而东行，至于北海，东面而视，不见水端。于是焉河伯始旋其面目，望洋向若而叹曰："野语有之曰：'闻道百，以为莫己若者。'我之谓也。且夫我尝闻少仲尼之闻，而轻伯夷之义者，始吾弗信，今我睹子之难穷也，吾非至于子之门，则殆矣，吾长见笑于大方之家。"

北海若曰："井蛙不可以语于海者，拘于虚也；夏虫不可以语于冰者，笃于时也；曲士不可以语于道者，束于教也。今尔出于崖涘，观于大海，乃知尔丑。尔将可与语大理矣。天下之水，莫大于海，万川归之，不知何时止而不盈；尾闾泄之，不知何时已而不虚。春秋不变，水旱不知。此其过江河之流，不可为量数。而吾未尝以此自多者，自以比形于天地，而受气于阴阳。吾在天地之间，犹小石小木之在大山也；方存乎见少，又奚以自多！计四海之在天地之间也，不似礨空之在大泽乎？计中国之在海内，不似稊米之在大仓乎？号物之数谓之万，人处一焉。人卒九州，谷食之所生，舟车之所通，人处一焉。此其比万物也，不似豪末之在于马体乎？五帝之所连，三王之所争，仁人之所忧，任士之所劳，尽此矣！伯夷辞之以为名，仲尼语之以为博。此其自多也，不似尔向之自多于水乎？"

出　处

《庄子·秋水》。

释 义

秋天里洪水按时到来,千百条江河注入黄河。直流的水畅通无阻,两岸和水中沙洲之间连牛马都不能分辨。在这个情况下,河伯高兴地自得其乐,认为天下一切美景全都聚集在自己这里。河伯顺着水流向东而去,来到北海边,面朝东边一望,看不见大海的尽头。在这个时候,河伯转变了原来欣然自得的表情,面对海神若仰首慨叹道:"有句俗话说:'听到了许多道理,就以为没有人比得上自己。'说的就是我这样的人了。况且我曾听说,有人认为孔子的见闻浅陋,伯夷的道义微不足道,开始我还不相信,如今我看见您的广阔无边,我如果不是来到您的家门前,那就危险了,我将永远被懂得大道理的人耻笑。"

北海神若说:"对井里的青蛙,不可与它谈论关于大海的事情,是因为井口局限了它的眼界;对只生存在夏天的虫子,不可与它谈论关于冰雪的事情,是因为它被生存的时令所限制;对见识浅陋的人,不可与他谈论大道理,是因为他的眼界被所受教育所束缚。如今你从河岸流出来,看到大海后,才知道你的不足。这就可以与你谈论道理了。天下的水,没有比海更大的了。万千条江河归向大海,不知什么时候停止,可大海的水却不会满溢出来;海水从尾闾泄流排放出去,不知什么时候才会停止,但海水却不曾减少。海水不因季节的变化而有所增减,也不因水灾旱灾而受影响。这说明了它的容量超过长江、黄河的容量,不可计数。但是我未曾借此自我夸耀,因为自从天地之间生成形态,我从那里汲取阴阳之气。我在天地里面,犹如小石小木在大山上一样,正感觉自己见到的太少,又哪里还能自傲呢?想一想,四海在天地间,不像小小的蚁穴在巨大的水泽里吗?想一想,中原在天下,不像细小的米粒在大粮仓中吗?人们用"万"这个数字来称呼物类,人不过占其中之一。人类遍布天下,谷物所生长的地方、车船所通达的地方都有人,每人只是其中的一个。这表明人与万物相比,不就像马毛的末梢吗?五帝所连续统治的,三王所争夺的,仁人所担忧的,以天下为己任的贤人所劳碌的,全不过如此而已。伯夷以辞让君王位置而博得名声,孔子以谈论天下而显示学识渊博。他们这样自我满足,不正像你先前看到河水上涨而自满一样吗?"

蛇与风

夔怜蚿，蚿怜蛇，蛇怜风，风怜目，目怜心。

夔谓蚿曰："吾以一足趻踔而行，予无如矣。今子之使万足，独奈何？"

蚿曰："不然。子不见夫唾者乎？喷则大者如珠，小者如雾，杂而下者不可胜数也。今予动吾天机，而不知其所以然。"

蚿谓蛇曰："吾以众足行，而不及子之无足，何也？"

蛇曰："夫天机之所动，何可易邪？吾安用足哉！"

蛇谓风曰："予动吾脊胁而行，则有似也。今子蓬蓬然起于北海，蓬蓬然入于南海，而似无有，何也？"

风曰："然，予蓬蓬然起于北海而入于南海也，然而指我则胜我，鰌我亦胜我。虽然，夫折大木，蜚大屋者，唯我能也。"

故以众小不胜为大胜也。为大胜者，唯圣人能之。

出 处

《庄子·秋水》。

释 义

独脚的夔羡慕多脚的蚿，多脚的蚿羡慕无脚的蛇，无脚的蛇羡慕无形的风，无形的风羡慕明察外物的眼睛，明察外物的眼睛羡慕内在的心灵。

夔对蚿说："我依靠一只脚跳跃而行，没有谁再比我行动更简便的了。现在你使用上万只脚行走，竟是怎么样的呢？"

蚿说："不是这样。你没有看见那吐唾沫的情形吗？喷出唾沫大的像珠子，小的像雾滴，混杂着吐落而下的不可计数。如今我启动我天生的机能而行走，不过我也并不知道自己为什么能够这样。"

蚿对蛇说："我用众多的脚行走反倒不如你没有脚，这是为什么呢？"

蛇说："仰赖天生的机能而行动，怎么可以改变呢？我哪里用得着脚呢！"

蛇对风说:"我启动我的脊柱和腰胁而行走,还是像有足而行的样子。如今你呼呼地从北海掀起,又呼呼地驾临南海,却没有留下有足而行的形迹,这是为什么呢?"

风说:"是的,我呼呼地从北海来到南海。可是人们用手来阻挡我,而我并不能吹断手指,人们用腿脚来踢踏我,而我也不能吹断腿脚。即使这样,折断大树、掀翻高大的房屋,却又只有我能够做到。"

所以这就是细小的方面不求胜利而求获得大的胜利。获取大的胜利,只有圣人才能做到。

孔子与子路

孔子游于匡,宋人围之数匝,而弦歌不惙。

子路入见,曰:"何夫子之娱也?"

孔子曰:"来,吾语女。我讳穷久矣,而不免,命也;求通久矣,而不得,时也。当尧、舜而天下无穷人,非知得也;当桀、纣而天下无通人,非知失也;时势适然。夫水行不避蛟龙者,渔父之勇也;陆行不避兕虎者,猎夫之勇也;白刃交于前,视死若生者,烈士之勇也;知穷之有命,知通之有时,临大难而不惧者,圣人之勇也。由,处矣!吾命有所制矣!"无几何,将甲者进,辞曰:"以为阳虎也,故围之;今非也,请辞而退。"

出 处

《庄子·秋水》。

释 义

孔子周游到匡地,宋国人一层又一层地包围了他,可是孔子仍在不停地弹琴诵读。

子路入内见到孔子说:"先生如此欢心是为什么呢?"

孔子说:"来,我告诉你!我违忌困窘蔽塞已经很久很久了,可是始终不能免除,这是命运啊。我寻求通达也已经很久很久了,可是始终未能达到，这是时运啊。在尧、舜的时代，天下没有一个困顿潦倒的人，并非因为他们都才智超人；在桀、纣的时代，天下没有一个通达的人，并非因为他们都才智低下。都是时运所造成的。在水里通行却不躲避蛟龙，是渔夫的勇敢；在陆上通行却不躲避犀牛老虎，是猎人的勇敢；刀剑交错在眼前，看待死亡犹如生还，是壮烈之士的勇敢；懂得困厄潦倒是命中注定，知道顺利通达是时运使然，面临大难却不畏惧，是圣人的勇敢。仲由啊，你还是安然处之吧！我命中注定要受制啊！"没有过多久，统带士卒的将官走了进来，深表歉意地说："大家把你看作是阳虎，所以包围了你；现在知道了你不是阳虎，请让我向你表示歉意并且撤离部队。"

公孙龙与魏牟

公孙龙问于魏牟曰："龙少学先王之道，长而明仁义之行；合同异，离坚白；然不然，可不可；困百家之知，穷众口之辩：吾自以为至达已。今吾闻庄子之言，汒焉异之。不知论之不及与？知之弗若与？今吾无所开吾喙，敢问其方。"

公子牟隐机太息，仰天而笑曰："子独不闻夫埳井之蛙乎？谓东海之鳖曰：'吾乐与！出跳梁乎井干之上，入休乎缺甃之崖。赴水则接腋持颐，蹶泥则没足灭跗。还虷蟹与科斗，莫吾能若也。且夫擅一壑之水，而跨跱埳井之乐，此亦至矣。夫子奚不时来入观乎？'东海之鳖左足未入，而右膝已絷矣。于是逡巡而却，告之海曰：'夫千里之远，不足以举其大；千仞之高，不足以极其深。禹之时，十年九潦，而水弗为加益；汤之时，八年七旱，而崖不为加损。夫不为顷久推移，不以多少进退者，此亦东海之大乐也。'于是埳井之蛙闻之，适适然惊，规规然自失也。且夫知不知是非之竟，而犹欲观于庄子之言，是犹使蚊负山，商蚷驰河也，必不胜任矣。且夫知不知论极妙之言，而自适一时之利者，是非埳井之蛙与？且彼方跐黄泉而登大皇，无南无北，奭然四解，沦于不测；无东无西，始于玄冥，反于大通。子乃规规然而求之以察，索之以辩，是直用管窥天，用锥指地也，不亦小乎？子往矣！且子独不闻夫寿陵余子之学于邯郸与？未得国能，又失其故行矣，直匍匐而归耳。今子不去，将忘子之故，失子之业。"

公孙龙口呿而不合，舌举而不下，乃逸而走。

出　处

《庄子·秋水》。

释　义

公孙龙向魏牟问道："我年少的时候学习古代圣王的主张，长大以后懂得了仁义的行为；能够把事物的不同与相同合而为一，把一个物体的质地坚硬与颜色洁白分离开来；能够把不对的说成是对的，把不应认可的看作是合宜的；能够使百家智士困惑不解，能够使众多善辩之口理屈辞穷；我自以为是最为通达的了。如今我听了庄子的言谈，感到十分茫然。不知是我的论辩比不上他呢，还是我的知识不如他呢？现在我已经没有办法再开口了，冒昧地向你请教其中的道理。"

魏牟靠着几案深深地叹了口气，然后又仰头朝天笑着说："你不曾听说过那浅井里的青蛙吗？井蛙对东海里的鳖说：'我实在快乐啊！我跳跃玩耍于井口栏杆之上，进到井里便在井壁砖块破损之处休息。跳入水中，井水漫入腋下并且托起我的下巴，踏入泥里，泥水就盖住了我的脚背，回过头来看看水中的那些赤虫、小蟹和蝌蚪，没有谁能像我这样快乐！再说我独占一坑之水、盘踞一口浅井的快乐，这也是极其称心如意的了。你怎么不随时来井里看看呢？'东海之鳖左脚还未能跨入浅井，右膝就已经被绊住。它迟疑了一阵子之后又把脚退了出来，把大海的情况告诉给浅井的青蛙，说：'千里的遥远，不能够来称述它的大；千仞的高旷，不能够来探究它的深。夏禹的时代，十年里有九年水涝，海水却不会因此增多；商汤的时代，八年里有七年大旱，岸边的水位却不会因此下降。不因为时间的短暂与长久而有所改变，不因为雨量的多少而有所增减，这就是东海最大的快乐。'浅井之蛙听了这一席话，惊惶不安，茫然不知所措。再说你公孙龙的才智还不足以知晓是与非的境界，却还想去察悉庄子的言谈，这就像驱使蚊虫去背负大山，驱使马蚿虫到河水里去奔跑，必定是不能胜任的。而你的才智不足以通晓极其玄妙的言论，竟自去迎合那些一时的胜利，这不就像是浅井里的青蛙吗？况且庄子的思想主张正俯极黄泉登临苍天,不论南北,释然四散通达无阻,深幽沉寂不可探测;不论东西,起于幽深玄妙之境,返归广阔通达之域。你竟拘泥浅陋地用察视的办法去探寻它的奥妙,用论辩的言辞去索求它的真谛,这只不过是用竹管去窥视高远的苍天,用锥子去测量浑厚的大地,不是太渺小了吗!你还是走吧!而且你就不曾听说过那燕国寿陵的小子到赵国的邯郸去学习走路的事情吗?没能学会赵国的本事,又丢掉了他原来的本领,最后只得爬着回去了。现在你不离开我这里,必将忘掉你原有的本领,而且也必将失去你原有的学业。"

公孙龙听了这一番话,张大着嘴而不能合拢,舌头高高抬起而不能放下,于是快速地逃走了。

庄子与楚臣

庄子钓于濮水。楚王使大夫二人往先焉,曰:"愿以境内累矣!"

庄子持竿不顾,曰:"吾闻楚有神龟,死已三千岁矣。王以巾笥而藏之庙堂之上。此龟者,宁其死为留骨而贵乎?宁其生而曳尾于涂中乎?"

二大夫曰:"宁生而曳尾涂中。"庄子曰:"往矣!吾将曳尾于涂中。"

出 处

《庄子·秋水》。

释 义

庄子在濮水边垂钓,楚王派遣两位大臣先行前往致意,说:"楚王愿将国内政事委托给你,有劳你了。"

庄子手持钓竿,头也不回地说:"我听说楚国有一神龟,被杀死的时候已经活了三千年了,楚王用竹箱装着它,用巾饰覆盖着它,珍藏在宗庙里。这只神龟,是宁愿死去留下骨骸而显示尊贵呢,还是宁愿活着在泥水里拖着尾巴呢?"两位大臣说:"宁愿拖着尾巴活在泥水里。"庄子说:"你们走吧!

我仍将拖着尾巴生活在泥水里。"

庄子与惠子

惠子相梁，庄子往见之。或谓惠子曰："庄子来，欲代子相。"于是惠子恐，搜于国中三日三夜。

庄子往见之，曰："南方有鸟，其名为鹓鶵，子知之乎？夫鹓鶵发于南海而飞于北海，非梧桐不止，非练实不食，非醴泉不饮。于是鸱得腐鼠，鹓鶵过之，仰而视之曰：'吓！'今子欲以子之梁国而吓我邪？"

庄子与惠子游于濠梁之上。庄子曰："鲦鱼出游从容，是鱼之乐也。"

惠子曰："子非鱼，安知鱼之乐？"

庄子曰："子非我，安知我不知鱼之乐？"

惠子曰："我非子，固不知子矣；子固非鱼也，子之不知鱼之乐，全矣！"

庄子曰："请循其本。子曰'汝安知鱼乐'云者，既已知吾知之而问我。我知之濠上也。"

出　处

《庄子·秋水》。

释　义

惠子在梁国做宰相，庄子前往看望他。有人对惠子说："庄子来梁国，是想取代你做宰相。"于是惠子恐慌起来，在都城内搜寻庄子，整整搜寻了三天三夜。

庄子前往看望惠子，说："南方有一种鸟，它的名字叫鹓鶵，你知道吗？鹓鶵从南海出发飞到北海，不是梧桐树它不会停息，不是竹子的果实它不会进食，不是甘美的泉水它不会饮用。正在这时，一只鸱鹰寻觅到一只腐烂了的老鼠，鹓鶵刚巧从空中飞过，鸱鹰抬头看着鹓鶵，发出一声：'吓！'如今你也想用你的梁国来吓我吗?"

　　庄子和惠子一道在濠水的桥上游玩。庄子说:"白鲦鱼游得多么悠闲自在,这就是鱼儿的快乐。"

　　惠子说:"你不是鱼,怎么知道鱼的快乐?"

　　庄子说:"你不是我,怎么知道我不知道鱼儿的快乐?"

　　惠子说:"我不是你,固然不知道你;你也不是鱼,你不知道鱼的快乐,也是完全可以肯定的。"

　　庄子说:"还是让我们顺着先前的话来说。你刚才所说的'你怎么知道鱼的快乐'的话,就是已经知道了我知道鱼儿的快乐而问我。而我则是在濠水的桥上知道鱼儿快乐的。"

趣味闯关夺宝珠

小关卡一：寓言哲理对对碰

第一组：
　　屠龙之技　　　　　考虑不周，得不偿失
　　随珠弹雀　　　　　做事情脱离现实一场空
　　鹏程万里　　　　　学会合作
　　望洋兴叹　　　　　坚持梦想不怕冷嘲热讽
　　匠石运斧　　　　　人切忌自满

第二组：
　　邯郸学步　　　　　实践出真知
　　东施效颦　　　　　人不能妄自菲薄
　　朝三暮四　　　　　要对自己有信心
　　庖丁解牛　　　　　深藏不露，动静以时
　　呆若木鸡　　　　　形式有多样，本质只有一种

小关卡二：《庄子》知识填空

◎ 庄子，姓庄，名＿＿＿＿，字＿＿＿＿，后人称之为"南华真人"，战国时期宋国蒙人。著名的思想家、＿＿＿＿、文学家，是＿＿＿＿学派的代表人物，老子哲学思想的继承者和发展者，先秦庄子学派的创始人。

◎《庄子·秋水》选自《庄子》＿＿＿＿＿＿＿（内篇/外篇/杂篇）。

趣味链接

《过零丁洋》的由来

公元1276年，南宋谢太后带着小皇帝投降元朝，文天祥被任命为右丞相，代表宋朝出使元朝，却被元丞相伯颜扣留。后侥幸逃出，继续组织抗元斗争。不久，文天祥被叛徒出卖，兵败被俘，囚禁船上，次年过零丁洋时作《过零丁洋》。此后，文天祥落入元朝大将张弘范之手。张弘范让文天祥写信给南宋大臣张世杰，劝其归顺。文天祥不从，出示此诗以明志。

 领你学优良传统

 第六站

民族源

我是中国人，不忘民族源。

盘古开天地，奔月嫦娥美。

大禹治水忙，炎黄尧舜高。

上古神话传，不朽华夏魂。

爆竹一岁除，中秋月儿圆。

传统节日多，民俗传承久。

南北大不同，多元大家族。

一代天骄豪，成功复台湾。

从军保家国，巾帼同须眉。

当代生活美，岁月需铭记。

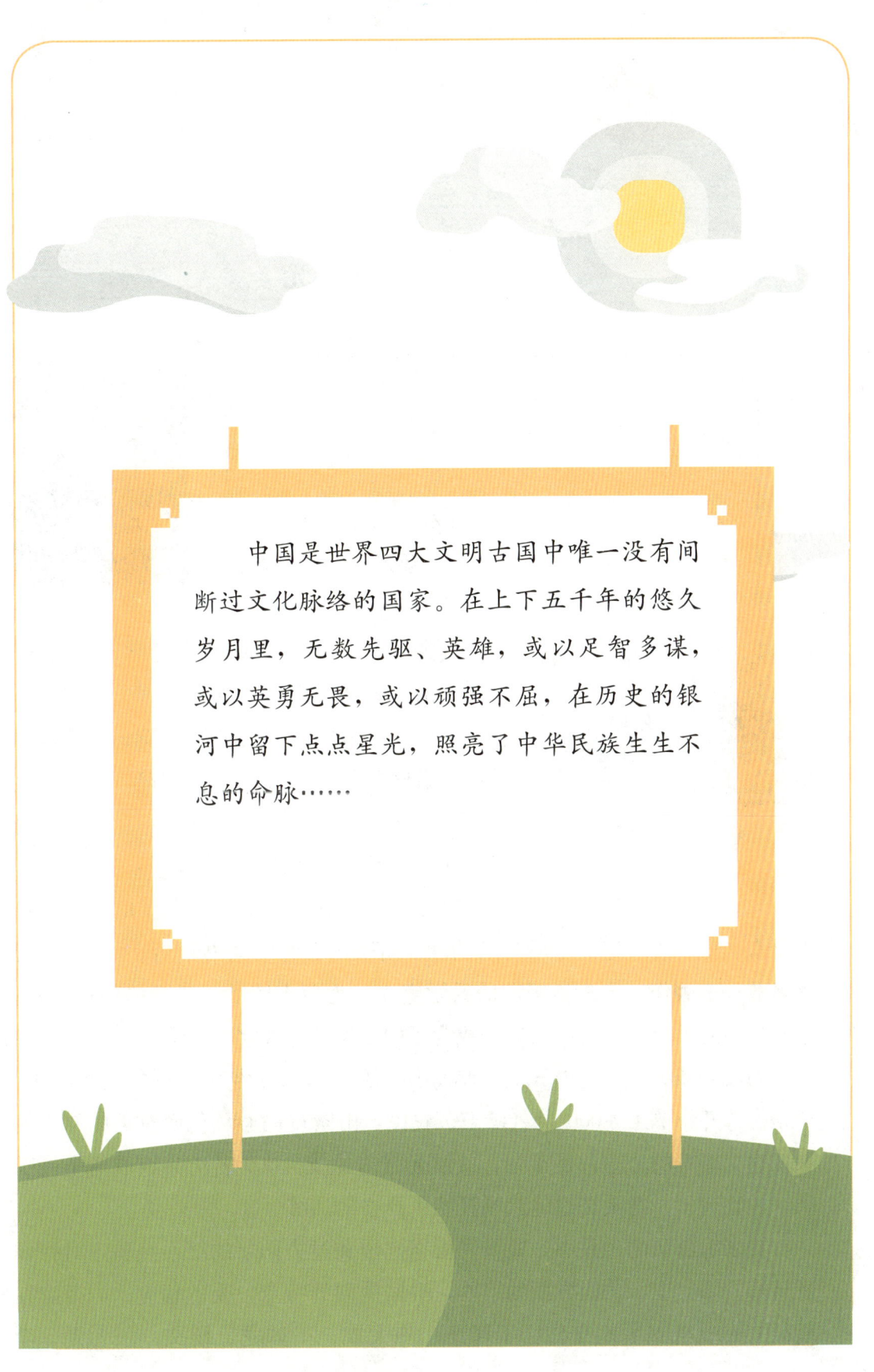

中国是世界四大文明古国中唯一没有间断过文化脉络的国家。在上下五千年的悠久岁月里,无数先驱、英雄,或以足智多谋,或以英勇无畏,或以顽强不屈,在历史的银河中留下点点星光,照亮了中华民族生生不息的命脉……

不朽的铮铮英雄

民族英雄——戚继光

姓名：戚继光（1528—1588）
籍贯：山东登州（今山东蓬莱）
生活时代：明朝
身份：军事家、书法家、诗人、民族英雄
主要成就：创建戚家军，南平倭寇，北御鞑靼

居庸关

戚继光（1528—1588），字元敬，号南塘、孟诸，山东登州（今山东蓬莱）人，是我国历史上杰出的军事家、伟大的民族英雄。他南平倭寇（指日本人），屡战屡捷，保障了东南海疆的安宁；北御鞑靼，固我长城，保卫了北部疆域的安全，促进了汉蒙民族的和平发展。

戚继光为保卫国家安全和人民的生命财产安全奋斗了一生，建立了不朽的功勋。所著的《纪效新书》《练兵实纪》等著名的军事著作，丰富了祖国的兵学宝库，为后人留下了宝贵的精神财富；重修的山海关至居庸关的长城，成为了中华民族的瑰宝。

为成立戚家军，戚继光去义乌募兵，在义乌县令赵大河的密切配合下，严格挑选并招募了4 000余名矿工、农民，由素得民心、仁而有勇的赵大河兼任这支新军的监军。是年冬，戚继光带着这支4 000名士兵组成的全新部队，进驻台州，在灵江边的武场开始了严格的训练。

在训练部队的过程中，戚继光根据抗倭和过去两年的练兵经验，对将领进行德、才、识、艺四方面的培养，根据他们的特点，委以相应的职务。在南征北战中培养了胡守仁、丁邦彦、陈大成、王如龙、杨文、张元勋、李超、陈子銮、朱珏、金科等一批能征善战的将领。对士兵进行耳、目、手、足、心以及营阵的全面训练。经过戚继光的精心训练，这支招募的部队和卫所士兵逐渐成为一支武艺精、战术强、守纪律、听指挥、万众一心、勇敢善战的精锐之师，人们称其为"戚家军"。

明嘉靖四十年（1561）四月至五月间，戚家军在宁海、新河、花街、上峰岭、长沙等地连续九次挫败倭寇，使侵犯台州的倭寇遭到毁灭性的打击，并解救了被掳的万余名百姓，而戚家军累计阵亡不到二十人。这一系列的战役，史称"台州大捷"。

戚继光的武学思想就是从这些战役、从军事实践中来的根植于儒家治国平天下的思想抱负。

从思想来源来看，他的理论主要有两个来源，一个是《武经七书》，另一个是以"四书""五经"为核心的儒学典籍。因而其武学理论蕴藏着兵儒合一的特性。

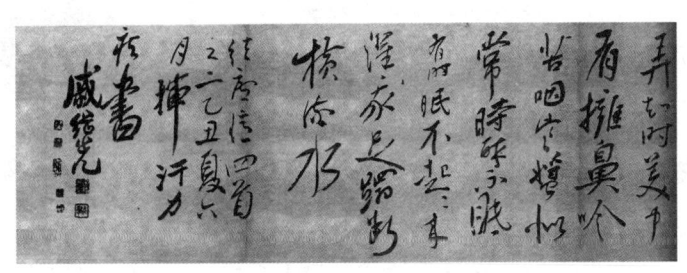

戚继光书法作品

戚继光一生常以儒将自居，把立身行己、抵抗外在的诱惑、深明大义作为培养将才的首要条件。他指出："为将者需先将《孝经》《忠经》《论语》《孟子》《武经七书》白文，次第记诵。……然后益之《春秋左传》《资治通鉴》以广其财；授之《大学》《中庸》大义，使知心性之源。"

由此，戚继光对儒家经典的推崇可见一斑。他对将领培养过程中的思想基础提出了很高的要求，认为只有以此为前提才能"措方而不拘乎方，悟法而不泥于法"，然后才能"进之以器技、行伍之务，置诸桴鼓实用之间，心方自信，职方自决"。

 **小拓展**

同学们，通过学习，你们对民族英雄戚继光有了更深入的了解了吗？如果有兴趣，你们也可以去观看《抗倭英雄戚继光》等电视连续剧哦！

统一祖国的功臣——郑成功

姓名：郑成功（1624—1662），本名郑森
籍贯：福建南安，祖籍河南固始
生活时代：明末清初
身份：军事家、政治家、民族英雄
主要成就：驱逐荷兰殖民者，收复台湾

郑成功收复台湾是指公元1661年，南明将领郑成功驱逐霸占台湾的荷兰殖民者，收复宝岛台湾的事件。

郑成功是17世纪著名的抗清名将，因为蒙隆武帝赐他明朝国姓"朱"，以及名字"成功"，所以世称"国姓爷"，又因为蒙永历帝封他为延平王，所以人称"郑延平"。1624年起，荷兰殖民主义者侵占中国台湾。郑成功下决心赶走侵略军。

赤嵌楼

1661年3月，郑成功亲率2.5万名兵将，分乘百艘战船，从金门出发。他们冒着风浪，越过台湾海峡，在澎湖休整几天，准备直取台湾。荷兰侵略军听说郑成功要进攻台湾，十分惊恐，他们把军队集中在台湾（今台湾东平地区）、赤嵌（今台南）两城，还在港口沉破船阻止郑成功船队登岸。郑军乘海水涨潮，

将船队驶进鹿耳门内海，主力从禾寮港登陆，从侧背进攻赤嵌城，并切断了侵略军与台湾城的联系。战斗中，侵略军以"赫克托"号战舰攻击郑军。郑成功一声令下，把敌军紧紧围住，60多只战船一齐发炮，将"赫克托"号击沉。与此同时，又击溃了台湾城的援军。赤嵌的荷兰军在水源被切断、外援无望的情况下，向郑军投降。盘踞台湾城的侵略军企图负隅顽抗。郑成功在该城周围修筑土台，围困敌军8个月之后，下令向台湾城发起强攻。

至此，郑成功从荷兰侵略者手里收复了沦陷38年的中国领土台湾。这场战争结束了荷兰东印度公司在中国台湾的经营，开启了明郑政权对台湾的统治。

禁毒先驱——林则徐

姓名：林则徐（1785—1850）
籍贯：福建侯官（今福建福州）
生活时代：清末
身份：清朝道光时期大臣、民族英雄
主要成就：放眼世界，兴修水利，保卫新疆，广州禁烟

虎门销烟指中国清朝政府委任钦差大臣林则徐在广东虎门集中销毁鸦片的历史事件。此事后来成为第一次鸦片战争的导火线。《南京条约》也是清政府在第一次鸦片战争时签订的。

在清朝闭关锁国的时候，欧洲资本主义国家迅速崛起。英国在19世纪二三十年代就基本完成了工业革命，在当时代表了最先进的生产力水平。中国拥有庞大的人口资源，正是英国资产阶级梦寐以求的潜在市场。而中国自给自足的自然经济，以及清政府坚持奉行的闭关锁国政策，正是英国向中国倾销其工

虎门销烟

业产品的"绊脚石"。19世纪30年代以前，中国在与外国的贸易中始终处于出超地位，中国对英贸易每年都保持出超二三百万两白银的优势。为了开拓海外市场和掠夺生产原料，英国把侵略矛头指向中国。英国资产阶级先把纺织品输往印度，然后把印度的鸦片输往中国，再从中国把茶叶、生丝等输往英国。英国人在这种三角贸易中大获其利。毒贩如蝇群而来，除了英国，美国也从土耳其向中国输入鸦片，俄国则从中亚向中国北方输入鸦片。鸦片贩子在中国受到热捧。沿海官兵甚至出动兵船在近海与毒贩交易，再由兵船将鸦片运回内陆，最后由国民开设烟馆倾销毒资。

鸦片在当时泛滥成灾，对社会造成了严重的危害：①使中国白银大量外流，引起财政危机；②使中国的统治机构更加腐败，租税激增，百姓负担加重；③削弱了军队的战斗力，危害着中国人民的身体健康。

林则徐临危受命，担任钦差大臣，面对官员的贿赂，丝毫不为所动。1839年6月3日，林则徐下令在虎门海滩当众销毁鸦片，至6月25日结束，共历时23天，销毁鸦片19 187箱和2 119袋，总重量1 188 127千克。

虎门销烟在一定程度上遏制了鸦片在中国的泛滥，在民间产生了积极的影响。这次禁烟运动大大增加了中国人民对鸦片危害性的认识，使很多人看清了英国向中国贩卖鸦片的本质，唤醒了广大中国人民的爱国意识。经过这次事件，禁烟英雄林则徐被中国人尊为民族英雄，其清廉、刚正不阿的品质也甚为后人传颂。这次事件还成为世界禁烟运动的一个范例，历史上很多国家、地区结合自身的情况对此予以效仿，抑制毒品泛滥。

虎门销烟成为打击毒品的历史事件。6月3日是虎门销烟开始的第一天，民国时，这一天被定为禁烟节。而6月26日，即虎门销烟结束的第二天，被联合国定为"国际禁毒日"。

趣味闯关夺宝珠

小关卡一：填一填

◎ 戚继光，字元敬，号_____、孟诸，山东登州（今山东蓬莱）人，是我国历史上杰出的_____、伟大的_____英雄。

◎ 戚继光的武学思想从形成到发展和完善，经历了多个阶段，但始终都是从军事实践中来，根植于儒家_____的思想抱负。

◎ 郑成功从_____手里收复了沦陷_____年的中国领土台湾。台湾自古就是我国神圣不可分割的领土。

小关卡二：说一说

◎ 请你说一说毒品对个人以及社会的危害。

◎ 作为青少年，我们要做到对毒品坚决说"不"。你能试着设计一条禁毒宣传语吗？

_____

 领你学优良传统

 第七站

我们大中华，堪称礼仪邦。

言谈与举止，礼节与仪式，

从古到今日，共同来规范。

交谈讲礼仪，可以变文明。

就餐讲礼仪，可以显高雅。

做客讲礼仪，可以受欢迎。

出游讲礼仪，可以得尊敬。

处处讲礼仪，事事顺心意。

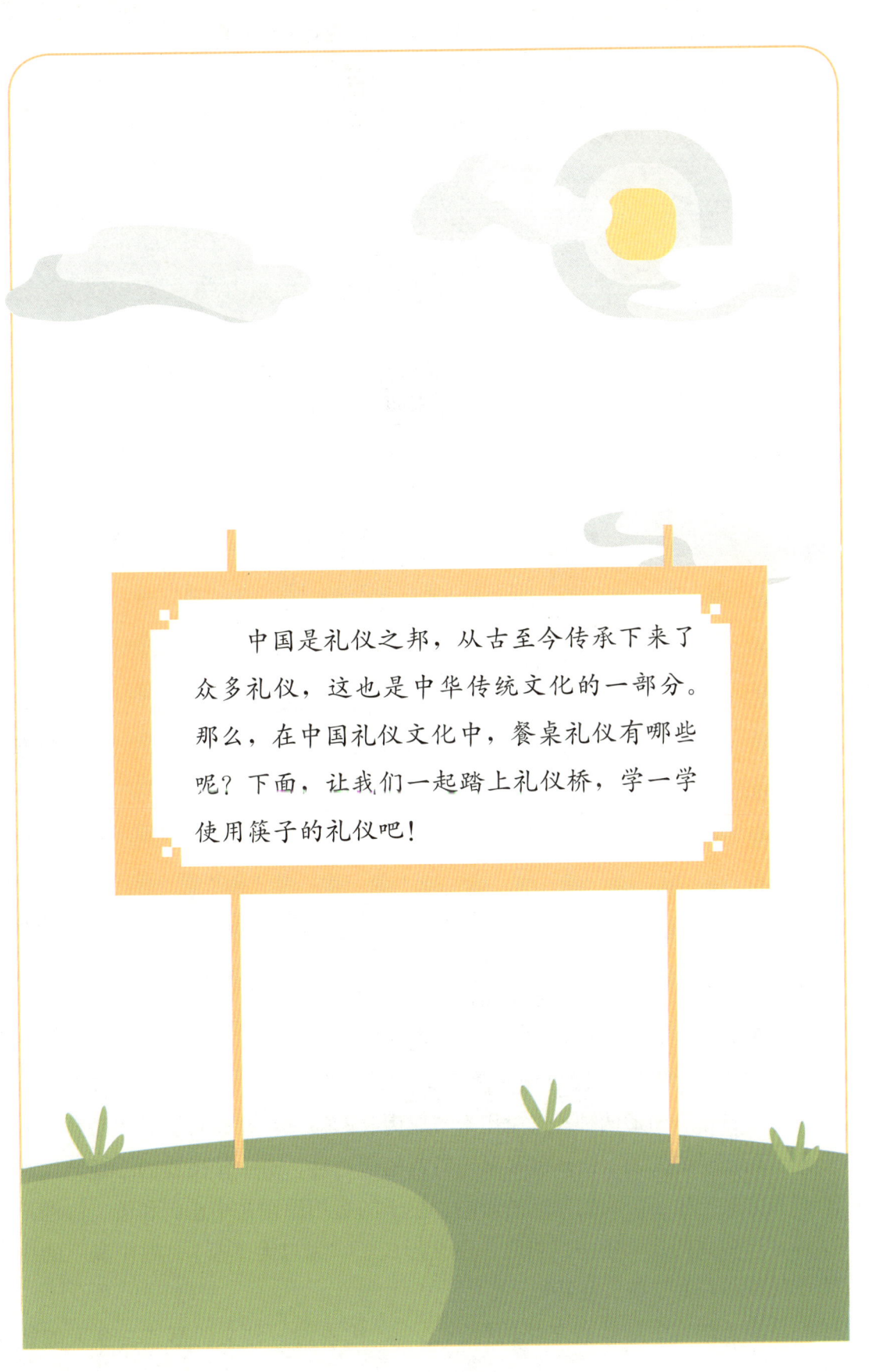

中国是礼仪之邦，从古至今传承下来了众多礼仪，这也是中华传统文化的一部分。那么，在中国礼仪文化中，餐桌礼仪有哪些呢？下面，让我们一起踏上礼仪桥，学一学使用筷子的礼仪吧！

餐桌礼仪文化——筷子

筷子的由来

筷子是中国的一大发明。我国使用筷子历史悠久,以筷子进餐至少有3 000年的历史了。在古代,筷子并不叫"筷",而是叫"箸""梜"等。在中国先秦文献中记为"梜",有时作"筴";秦汉时期叫"箸";隋唐时期也记为"筯",意为"助人就餐之工具"。

清代金螺旋纹箸

到了宋代才开始有"筷子"的称呼,也有人说这一称呼始于明代。为何又改"箸"为"筷"呢?原来,古人讲究忌讳,"箸"与"住"谐音,"停箸"听起来给人以"停滞不前"的感觉,不符合人们祈望兴旺发达的心理,特别是对行船来说,更是讳言。故反其意改"住"为"快",加上这个物件多以竹子为材料,所以又在"快"字头上冠以"竹"头,而更名"筷"。"筷"字寄寓了人们对美好生活的向往。

比起西方人的刀叉餐具,筷子使用起来要灵活便捷得多。凡是手指能做的动作,筷子几乎都能做——夹、戳、撮、挑、扒、剥,灵活无比。筷子简直是人类手指的延伸。它还不怕高热,不怕寒冻。它既轻巧又灵活,在世界各国的餐具中独树一帜,被西方人誉为"东方的文明"。

据研究,中国古代也用匙和刀叉,而且历史比筷子还悠久。刀古称为匕,有匕形和勺形两种;叉是用来叉取肉食的器具,在新石器时代已开始使用。而筷子的发明一出现就显示出特有的优越性,对中华民族的心理结构和思维方式产生了巨大而深远的影响。筷子的运用原则是中正、和谐、协调不悖。这一原则几千年一以贯之,逐渐形成了"无过无不及""致中和"的中华民族心理和传统文化特征。

筷子作为中华饮食文化的标志之一,代表着一种文明形式。今天的筷子，已经不仅是一种就餐工具，更以多种文化形式出现在世人面前。"筷"与"快乐"的"快"谐音，象征着人们对快乐幸福生活的向往。筷子的制作工艺日趋精湛，使其不仅是日常生活的必需品，也成为研究、欣赏、馈赠、收藏相结合的艺术品。

同学们，想不到筷子还有这么多学问吧，有兴趣可以去查阅《筷子三千年》等书籍哦！

使用筷子的礼仪

筷子的主要功能是在用餐时夹取食物。在使用时，筷子的两端一般要对齐。

使用筷子取菜用餐时，需要注意下列问题：

1. 不嘬筷子。不论筷子上是否残留着食物，都不要去舔它。在取菜前切不可这样做，长时间把筷子含在嘴里也不合适。

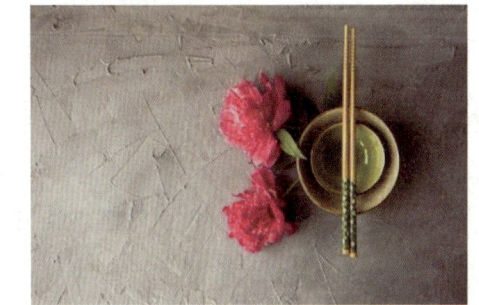

2. 不舞动筷子。与人交谈时，应暂时放下筷子，切不可以用筷子敲击碗、盘，指点别人，或者拿着筷子停在空中。不要举着筷子在菜碟间来回游移。

3. 不横放筷子。当暂时不用筷子时，可将它放在筷枕上，或支放在自己所用的碗碟的边缘；不要把它横放在碗盘上，更不能架在公用的碗盘上。

4. 不插放筷子。不用筷子时，不要将其插放在食物中。根据民俗，祭祀祖先时才会将筷子插放在食物中。另外，也不要拿筷子当叉子用，用它去叉取食物。

筷子与中国传统哲学观念

中国是一个具有五千多年文明历史的古老国度，中国的筷子有其独特的文化意蕴。

我们的祖先也曾经使用过刀、叉和匙进食，而最后选择了筷子，是因为筷子使用方便，有助于品尝食物的千般滋味，更衍生出丰富的文化寓意。

筷子直而长，两根为一双。用筷子夹菜时不是两根同时动，而是一根主动，一根从动；一根在上，一根在下。两根筷子的组合成为太极的两仪之象。

筷子往往上方下圆。方的象征着地，圆的象征着天。方形属坤卦，圆形为乾卦，这样，乾坤之象就出现了。坤卦有柄象（柄，把手的意思）；乾卦象征着天。手拿筷柄，用筷头夹菜，坤在上而乾在下，这就是"地天泰"卦，寓和顺畅达；手拿筷头，用筷柄夹菜，乾在上而坤在下，这就是"天地否"卦，寓闭塞不通。

同学们，如果你们对筷子感兴趣，可以拿起筷子练一练，也可以阅读《筷子：饮食与文化》等书籍哦！

趣味闯关夺宝珠

小关卡一：筷子由来知多少

◎ 筷子在古代并不叫"筷"，而是叫"箸""梜"等。在中国先秦文献中称为＿＿＿＿，有时作"笑"；秦汉时期叫＿＿＿＿；隋唐时期又称为＿＿＿＿，意为"助人就餐之工具"。

◎ "筷"与"快乐"的＿＿＿＿谐音，因此，筷子也象征着人们对＿＿＿＿的向往。

小关卡二：使用筷子有礼仪

◎ 我们在使用筷子时，筷子的两端一般要＿＿＿＿。

◎ 使用筷子取菜用餐时，需要注意＿＿＿＿、＿＿＿＿、＿＿＿＿和不插放筷子等问题。

小关卡三：筷子哲学知多少

◎ 筷子往往一头方一头圆。方的象征着＿＿＿＿，圆的象征着＿＿＿＿。方形属＿＿＿＿，圆形为＿＿＿＿，这样，＿＿＿＿就出现了。

趣味链接

关于筷子由来的传说

关于筷子的由来有多种传说，其中有一种说法是妲己为讨纣王的欢心发明了用玉簪作筷子。传说妲己每次摆酒设宴，都要先试吃端上来的菜，免得纣王不喜欢。有一次，端上来的菜太烫，妲己就想了个主意，取下头上的簪子，将菜夹起，先吹一吹，再给纣王吃。纣王大喜，于是妲己让工匠为她特制了两根长玉簪，用来夹菜。民间也渐渐流行起妲己夹菜的方法，形成了筷子。

 带你通匠心百科

一二三四五六七，数学世界真有趣。

小小算盘奇又妙，一把算盘四边框，

小算盘，记心间，别人读数我数珠，

中间长长就是梁，串串算珠档上藏，

楼上一珠表示五，楼下一珠表示一。

看到长度一条线，想到面积一大片，

听到体积占空间，牢记容积算里面。

认真学，反复练，学好数学乐开怀。

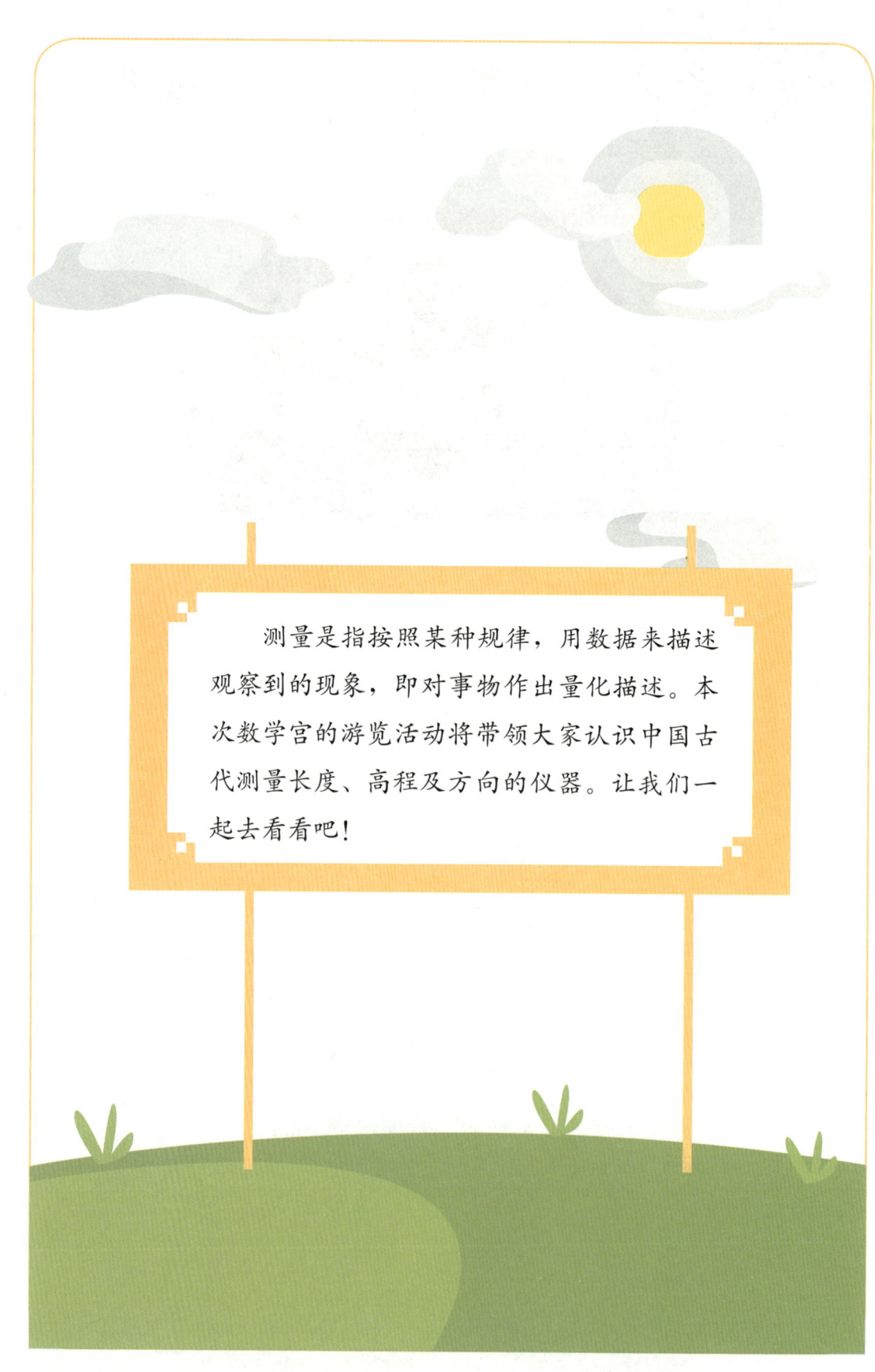

测量是指按照某种规律,用数据来描述观察到的现象,即对事物作出量化描述。本次数学宫的游览活动将带领大家认识中国古代测量长度、高程及方向的仪器。让我们一起去看看吧!

中国古代测量技术

杆绳车尺的量器历史

我国古代劳动人民建造万里长城,开掘大运河,修建紫禁城等,无一不需要用到各种测量工具。因此,让我们一起来了解一下古代的测量工具吧。

测量长度的工具

1. 丈杆。

用丈杆测量距离是比较普遍的,故至今还称测量为丈量。丈杆和现在的直尺差不多。《修防琐志》中称:"丈杆,以杉木为之。取细直者,尺寸务画的准。侧边每尺画红圈,圈内注数目……丈量时一目了然。"

2. 测绳。

测绳指有刻度标记的绳。它可以用来量地面上两点间的距离。测绳的起源较早。《算法统宗》中记载:"古者量田较阔长,全凭绳尺以牵量。"根据已有的文献记载,我国古代测量距离已注意"参相直",即起点、终点、量具端点三点共线。

3. 步车。

步车原理与如今的卷尺相同。尺由竹篾制作而成。在竹篾上涂上明油,能够比较方便地进行清洗。再根据当时长度单位的标示方法,在竹篾上逐寸写字。

4. 记里鼓车。

记里鼓车又称记里车、大章车,是中国古代用来记录车辆行驶距离的马车。《古今注》中记载:"车上为二层,皆有木人,行一里,下层击鼓;行十里,上层击镯。"可见一千多年前我国就用轮轴机械来量度地面距离。

步车

测量高程的仪器

唐代，我国已经形成一整套相当完备的水准测量方法，水准仪的制式也有了明确的记载，水准仪也作为重要的作战装备使用。《太白阴经》中对水准工具有详细记载："度竿，长二丈，刻作二百寸，二千分，每寸内小刻其分。"对水准测量方法也有详细记载："以水注之，三池浮木齐起，眇目视之，三齿齐平，则为天下准。"

宋代工程也用水准测量。《木经》中记载的具体测量方法是："望两头水浮，桩子之首遥对立表处，于表身内画记，即知地之高下。"

明代建筑仍用水准测量。具体测量方法是："先将盘架插稳地上，次将水平搁于盘上，以壶盛水，慢慢倾入水平池中，以四面相平为准。三池内各将浮子放于水面。外立度竿，长二丈刻定尺寸。"远距离水准测量时，一般使用水准仪测得前后两点之间的高差。水准测量有时候只需用来定性，即检查地面上的点是否在同一水平面上。在小范围面积内安平机器，或是建筑工程碌平地基就要用到这种操作。这种定性用的水准仪在《营造法式》中有记载。

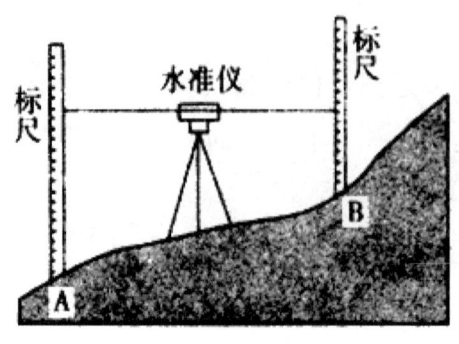

水准测量

测量方向的仪器

1. 望筒。

《木经》中记载了使用望筒来测量方向的方法："昼望以筒指南，令日景透北。夜望以筒指北，于筒南望，令前后两窍内正见北辰极星。然后各垂绳坠下，记望筒两窍心于地以为南，则四方正。"

2. 司南。

司南是中国古代用于辨别方向的一种仪器，是指南针的前身。具体使用方法：把用天然磁石做的勺形器具放在带有刻度的铜盘上，测方向时只要旋转勺子，勺子停下时勺柄始终指向南方。

3. 罗盘。

罗盘主要用于测量方位。我国古代记载方位主要是东南西北，唐代时又

望筒

增加了东南、西南、西北、东北等方位。测量的原理与近代罗盘仪相同。

司南

罗盘

同学们，你们觉得古代测量工具有意思吗？如果你们有兴趣进一步了解古代测量工具的话，可以去阅读《河工器具图说》《新编鲁班营造正式》等书籍哦！

梁思成的建筑测绘学

梁思成，著名建筑学家，被誉为中国近代建筑之父。早年受父亲梁启超影响，受过正统的中国古典文化教育，后到美国留学。回国后，在母校清华大学创建中国第一个建筑系，完成第一部由中国人自己编写的比较系统、完善的中国建筑史学著作《中国建筑史》。

早在美国宾西法尼亚大学留学时，梁思成就发现，欧洲各国对本国的古建筑已有系统的整理和研究，并写出本国的建筑史，唯独中国，我们这个东方古国，没有自己的建筑史。那时，他就立志要写一本中国建筑史。

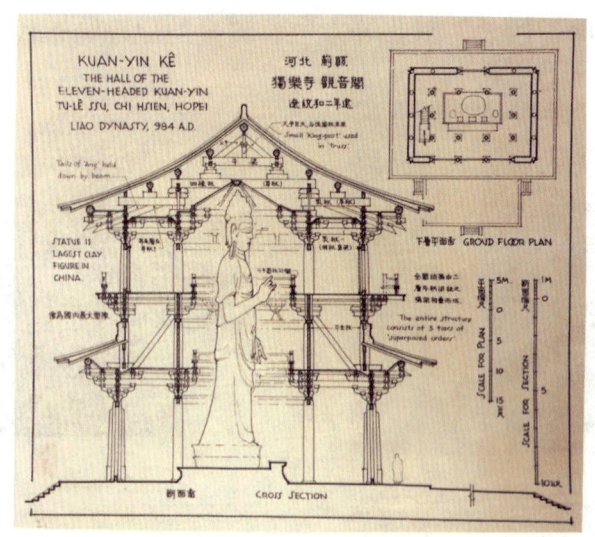

梁思成手绘稿《独乐寺观音阁》

1931—1937年间,为了收集编写中国建筑史的资料,梁思成与当时营造学社的同仁们跋山涉水,跑了200多个县,调查研究了2 000多座古建筑和石窟造像。当时的中国民生凋敝,他们的野外调查也异常艰苦。一篇调查日记里这样写着:"6月28日……行三公里雨骤至,避山旁小庙中。六时雨止,沟道中洪流澎湃,不克前进,乃下山宿大社村周氏宗祠内。终日奔波,仅得馒头三枚(人各一),晚间又为臭虫蚊虫所攻,不能安枕尤为痛苦。"即使是这样的条件,他们仍然步履不停。

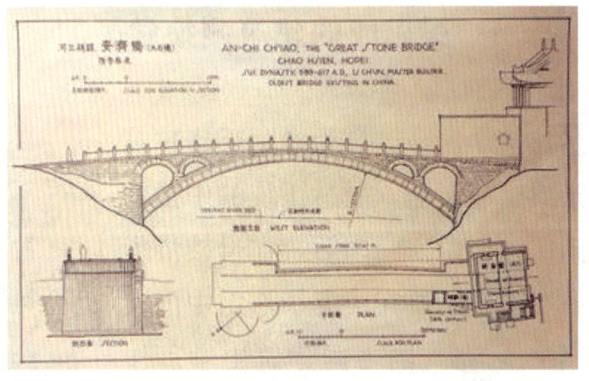

梁思成手绘稿《安济桥》

1934年由中国营造学社出版的《清式营造则例》,是梁思成研究中国清代建筑的专著。书中详述了清代宫式建筑的平面布局、斗拱形制、大木构架、台基、墙壁、屋顶、装修、彩画等的做法及其构件名称、权衡和功用,并附有《清式营造辞解》《各件权衡尺寸表》《清式营造则例图版》。这本书从清工部《工程做法则例》中提炼出清代官式建筑的做法，以及其各部分构件的名称、功能、位置和尺寸，并配以28幅现代工程绘图和83张实物照片。

独乐寺、赵州桥、应县木塔、佛光寺……它们或建于汉代，或兴于唐代。为了拍摄应县木塔的照片，梁思成和他的助手莫宗江差点从六七十米高的塔檐摔下去。而当他们终于在太原五台山寻找到中国现存最早的唐代木构建筑佛光寺时，他们兴奋地像孩子一样欢呼起来。那天，夕阳西下，映得佛光寺殿前及整个庭院一片红光。

当历史的风烟散尽，人们再回忆起这位中国建筑史上的国宝级人物，一位真正的建筑大师时，在这片他深深挚爱的土地上，仿佛看见了人间四月天。

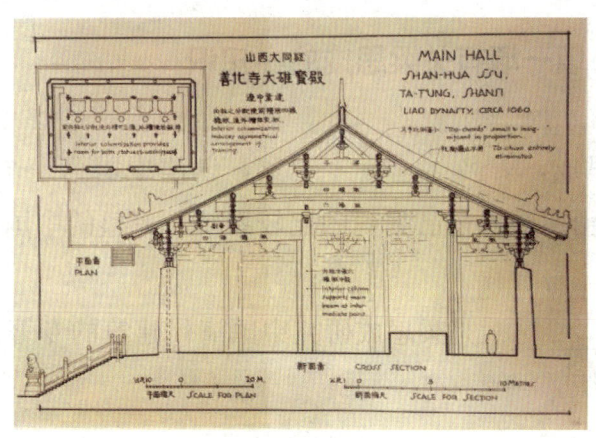

梁思成手绘稿《善化寺大雄宝殿》

趣味闯关夺宝珠

小关卡一：填一填古代的测量工具

◎ 中国古代用于测量长度的仪器主要有_____、_____、_____、_____。

◎ 会使用水准测量的朝代主要有_____、_____、_____等。

◎ 中国古代用于测量方向的仪器主要有_____、_____、_____。

小关卡二：填一填有关梁思成的小知识

◎ 梁思成，著名_____学家，创建中国第一个_____，完成第一部由中国人自己编写的比较系统、完整的中国建筑史学著作《_____》。

◎《_____》是梁思成研究中国清代建筑的专著。1934年由_____出版。

 带你通匠心百科  第九站

一旦时分两仪四象，天下雷行孕育万物。

春夏生长秋冬敛藏，节气物候皆含哲理。

知晓人与天地共鸣，寻根感悟田园牧歌。

中华文化温故知新，体察世界敬畏生命。

小朋友们,你们知道哪些中国古代天文人物?这些天文人物在天文学发展上又有哪些贡献?本次天文台的游览活动将为大家介绍十个中国古代天文人物,以及他们在历法、天文仪器制作等多个领域所作的贡献。

中国古代天文人物

中国古代天文人物对天文学发展的贡献，体现在历法、天文仪器制作等多个领域。下面介绍最主要的几位天文人物。

甘德、石申

甘德（生卒年不详），战国时齐国人，先秦时期著名的天文学家，世界上最古老星表的编制者。他著有《天文星占》8卷、《岁星经》等。

石申（生卒年不详），战国时魏国人，天文学家、占星学家。著有《天文》8卷。石申曾系统地观察了金、木、水、火、土五大行星的运行，发现它们出没的规律，记录它们的名字；测定了121颗恒星的方位，数据被后世天文学家所用。

后人把甘德和石申的著作结合起来，称为《甘石星经》。《甘石星经》是现存世界上最早的天文学著作。书里记录了800颗恒星的名字，其中121颗恒星的位置已被测定，所以它是世界上最早的恒星表。书里还记录了金、木、水、火、土五大行星的运行情况，并指出了它们出没的规律。《甘石星经》在宋代失传，今天只能从唐代《开元占经》里见到它的片段摘录。它比希腊天文学家伊巴谷测编的欧洲第一个恒星表大约早200年。《甘石星经》在我国和世界天文学史上都占有重要地位。

落下闳

落下闳（前156—前87），西汉时期天文学家，以历算和天文学的杰出成就著称于世，为我国最早的历算学家。汉武帝元封年间，为了改革历法，征聘天文学家。落下闳与他人合作创制的新历法优于其他历法，被汉武帝采用。他们创制的新历法被称为《太初历》，使用了188年，是中国历史上有文字可考的第一部优良历法。《太初历》采用的岁首和科学的置闰法，使我国的阴历一直沿用至今。落下闳是浑天说的创始人之一，经他改进的赤道式浑仪，在中国使用了2 000年。他准确推算出135个月的日、月食周期，即11年应发生23次日食，是天文史上的首次。根据这个周期，人类可以对日、月食进行预报，并可校正阴历。

张衡

张衡（78—139），东汉时期杰出的科学家、文学家、发明家和政治家，在世界科学文化史上树起了一座巍巍丰碑。他发明的地动仪可谓是家喻户晓。在天文学方面，他发明创造了浑天仪（117）——世界上第一台用水力推动的大型观察星象的天文仪器，著有《浑天仪图注》和《灵宪》等书，画出了完备的星象图，提出了"月光生于日之所照"的科学论断。

张衡在太史令任内，积极从事天文学理论研究工作。系统观测天体运行，著《浑天仪图注》《灵宪》等书，创制浑天仪，且在历法方面也有所研究。《灵宪》是张衡结合累积多年的实践与理论研究写成的一部天文巨著，也是世界天文史上的不朽名作。该书全面阐述了天地的生成、宇宙的演化、天地的结构、日月星辰的本质及其运动等诸多重大课题，将我国古代的天文学水平提升到了一个前所未有的新阶段，使我国当时的天文学研究居世界领先水平，并对后世产生了深远的影响。

祖冲之

祖冲之（429—500），南北朝时期数学家、天文学家。除了研究数学外，他还非常注重对天文学的研究。他发现前代的历法不够精确，采用该历法推算出来的天象有时与实际天象不符。于是，祖冲之博览古历，在吸取前代历法精华的基础上，根据自己长期观测天象的结果，于33岁时创制了《大明历》。在《大明历》中，祖冲之首次引入了岁差，还采用了在391年中设置144个闰月的更为精确的新闰周。这些做法都是对前代历法的重大改革。他在《大明历》中所采用的一个回归年的天数，跟现代科学测定的天数只相差50多秒；采用的一个交点月的天数，跟现代科学测定的天数相差不到1秒。在制历过程中，他发明了用圭表测量冬至前后正午时日影长度来定冬至时刻的方法，这个方法为后世长期采用。

张遂（一行）

张遂（一行）(683—727)，唐朝高僧，著名的天文学家。他主持编制了《大衍历》，在制造天文仪器、观测天象和主持天文大地测量等方面均有重要的贡献。在天文大地测量中，用实测数据彻底否定了我国古天文算学著作《周髀（bì）算经》中"王畿千里，影差一寸"的错误理论，对人们正确认识地球作出了重大贡献。他设计制造了黄道游仪、浑天仪、复矩等天文测量仪器。

沈括

沈括（1031—1095）是北宋时期一位多才多艺的科学家，他不仅精通地理，而且对天文、数学、医学、农业等学科也颇有研究。30多岁时，他在参加昭文馆书籍编校的工作中，开始学习和研究天文学。他注重实际观测，通过学习和实践，认识到岁差现象引起天象的变化是一种自然规律；他解释月亮是因为受太阳光照射发光而产生圆缺变化；他科学而生动地描述了常州陨石的坠落过程，并准确地判断出其成分是铁；他还注意到行星的视运动有往复现象。

后来，沈括在主管司天监工作期间，致力于整顿机构，强调实际观测，并制造了新的天文仪器。在制造新浑仪时，他对传统的浑仪结构进行改进，简化浑仪的方向。为了测定北极星与北天极之间的距离，沈括亲自观测天象，每天上半夜、午夜和下半夜各观测一次，连续坚持了三个月，画了两百多张图，测定出北极星离北天极"三度有余"。

郭守敬

郭守敬（1231—1316），元朝著名的天文学家、数学家、水利专家和仪器制造专家。为了精确汇集天文数据，以备制定新的历法，郭守敬花了两年时间，精心设计制造了一整套天文仪器，共13件，其中最具创造性的有3件，分别是高表及其辅助仪器、简仪和仰仪。郭守敬根据观测的结果，于1280年3月，制订了一部准确精密的新历法《授时历》。这部新历法设定一年为365.2425天，与地球绕太阳一周的实际运行时间只差25.92秒。欧洲的著名历法《格里历》也规定一年为365.2425天，但是《格里历》是1582年开始使用的，比郭守敬的《授时历》晚了整整300年。郭守敬完成的在天文历法方面的著作有14种，共计105卷。直到很久以后，世界各国的科学界才逐渐了解他。

徐光启

徐光启（1562—1633）是我国明末著名的科学家，是第一个把欧洲先进的科学知识介绍到中国的人。崇祯帝授权徐光启组织历局，重新编历。徐光启力主在研究中国古代历法的同时，参用西历，吸收西方先进的科学知识，并聘请三位传教士参与编历工作，编译成了《崇祯历书》。这本系统介绍欧洲天文学知识的巨著，包含了欧洲古典天文学理论、仪器、计算和测量方法等。在编历过程中，他还注重欧洲天文学知识的介绍和西方观测仪器的引进等工作。他所主持的编历工作，为中国现代天文学发展奠定了一定的基础。

李善兰

李善兰（1811—1882），清代天文学家、数学家。在天文学方面，他翻译了赫歇尔的《天文学纲要》一书，中译本名为《谈天》。《谈天》于1859年出版，书中介绍了哥白尼的学说。李善兰在序言中阐述了自己的观点，说明日心体系和行星运动中的椭圆定律等是客观存在的，还批判了前人对哥白尼日心说的攻击。他对天体椭圆轨道运动等的解算进行过研究，提出了自己独特的算法，其中最主要的是他第一次在中国使用了无穷级数的概念来求解开普勒方程。李善兰的著译很多，他曾将自己主要的天文、算学著作汇编成《则古昔斋算学》一书。

趣味闯关夺宝珠

小关卡：填一填

◎ 张衡是我国_____时期杰出的科学家、文学家、发明家和政治家。他发明创造了_____，是世界上第一台_____的大型观察星象的_____。

◎ 祖冲之是_____朝时期天文学家，创制了《_____》。在这本书中，他首次引入了_____。

◎ 郭守敬是_____朝的天文学家、数学家、_____专家和_____专家。1280年3月，他制定了一部准确精密的新历法《_____》。欧洲著名历法《格里历》比郭守敬制定的历法晚了_____年。

 带你通匠心百科

 第十站

远古神韵亮光芒，史前文明陶文化。

皇家气象显辉煌，秦汉特色陶制俑。

盛世瑰丽别样格，盛唐珍品唐三彩。

青铜时代多故事，夏商周朝诉历史。

礼器铭文写权势，中华智慧留光辉。

漆艺连缀诗书画，东方之美孕哲理。

工艺拾遗国粹风，温习承续靠我辈。

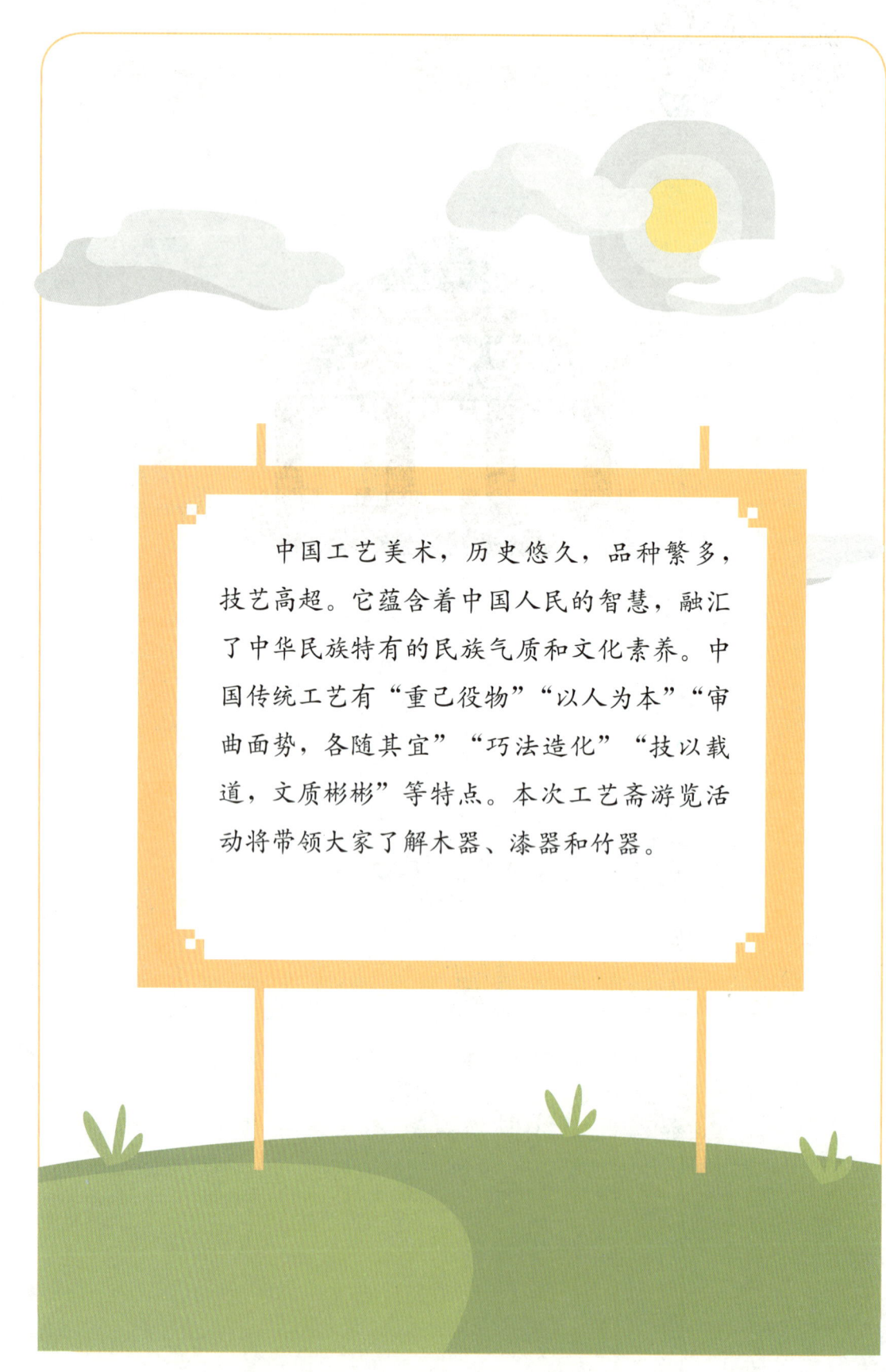

中国工艺美术，历史悠久，品种繁多，技艺高超。它蕴含着中国人民的智慧，融汇了中华民族特有的民族气质和文化素养。中国传统工艺有"重己役物""以人为本""审曲面势，各随其宜""巧法造化""技以载道，文质彬彬"等特点。本次工艺斋游览活动将带领大家了解木器、漆器和竹器。

木器

木器的代表——红木雕刻

红木雕刻工艺是以红木为基本材料的一种传统雕刻工艺,在我国拥有悠久的历史和深厚的文化底蕴。然而,红木是一种统称,它包括了30多种树种,主要分为紫檀木、花梨木、香枝木、黑酸枝木、红酸枝木、乌木、条纹乌木和鸡翅木八大类别。由于这些木材的颜色主要都偏向于红紫色和红褐色,因此统称为"红木"。

红木雕刻是我国以特殊的形式和技法流传至今的文化遗产之一。它主要依靠家具和艺术品来展现。由于其历史悠久,风格纯朴,受到了很多人的喜爱。紫檀木雕是红木雕刻艺术的一种。紫檀木雕的材料珍贵,随着时间的推移更能显现出其古朴端正和沉着文雅。不论是在我国古代历史长河中,还是在科技日益发展的现在,紫檀木雕一直都是深受人们喜爱的工艺品和收藏品。

清代鸡翅木嵌正龙纹扶手椅

木雕的发展历史

京作紫檀八角坐墩

根据史料记载,木雕在我国有着深远悠久的历史。在原始社会就已经出现了圆雕木鱼等,到唐宋时期,木雕工艺的技术变得更加纯熟和精湛。特别是在唐朝时期,由于佛教盛行,佛像和菩萨像等木雕的艺术造型已经日趋完善。宋元时期,受当时政治、经济、文化等各方面因素的影响,木雕作品呈现出写实的风格特点,注重细节上的刻画,因此生动传神。

明清时期,我国的木雕艺术发展到顶峰,不论是从艺术效果、造型，还是技法上，都更加注重艺术与写实的结合。这一时期还逐渐形成了不同风格和门类的木雕艺术。红木因为其珍贵、纹理和质地独特，成为在民间流传的优质雕刻材料。木雕在苏州地区最为盛行，出现了许多专门从事雕刻制作的民间小作坊，还有许多技艺高超的名家高手。

明清之际的苏州，因为地理位置优越，文人墨客汇集于此，使得当地的红木雕刻出现了黄金时代。许多文人加入对雕刻的设计中，使得红木雕刻的文化内涵更为丰富，并且在造型和内容上也更加趋向于吉祥喜庆之意。这一时期的雕刻突出讲求人的个性表达，呈现自得自在的精神。

近代以来，在一代又一代的红木雕刻大师的不断提高与完善下，红木雕刻得到了空前的发展，在内容和艺术特色方面都达到了新的境界。随着人们审美观念的不断提高，红木雕刻也越来越受到大众的喜爱和关注。

　　同学们，通过学习，你们对中国古代木器雕刻的发展了解多少了呢？如果你们对木雕感兴趣，可以阅读《中国民间木雕技法》《木雕制作技法》等书籍哦！

漆器

千文万华的漆器的历史

中国是一个漆器之国，髹漆技术是中国古代的一大发明。我们的祖先在与大自然的亲密接触和抗争中发现了漆的奥秘，创造了漆器，使其能够为人类的生活需要服务，开漆器文化发展之滥觞。奠定中国传统漆器基本特征的几个不同时期的漆工艺品种，被称为"四大经典之作"，它们是：汉代的"夹纻"技术，唐代的"平脱"技术，宋代的"素髹"技术和元代的"雕漆"技术。这些技术的应用，决定了中国传统漆器2000余年最基本的器型、纹饰特征，涵盖了中国漆艺科技最重大的成就。

浙江余姚河姆渡新石器时代遗址出土的一件朱漆木碗，是目前我国发现的最早的漆器。在新石器时代的墓葬遗址中，发现的髹漆的器物主要有木碗、陶罐、陶壶、陶瓠及高足杯等，多是生活器皿。商代开始讲究漆器的制作工艺，器物胎骨开始用厚木胎。除了用色漆髹涂外，还创制以浅浮雕或镶嵌蚌壳、玉石的技法，或将青铜器上常用的纹饰描画在器物上，而且出现了金薄片镶嵌，这是我国漆工艺史上镶嵌金箔工艺的开端。

到了西周，彩绘与镶嵌成为两种主要的装饰技法，二者经常结合使用。战国时期迎来了我国漆工艺史上的第一次繁荣。这个时期，漆器在工艺上有重要发展，薄木胎漆器明显增多，并出现了夹红胎。其形式多样，实用与美观也得到很好的结合。流行的装饰手法是彩绘与锥画，还出现了雕刻与彩绘相结合的形式。

秦代继承了战国的遗风。汉代又向前迈进一步，当时的人们尝试以黏土塑形，或在木模上脱型，用漆液裱糊各种布料，待其干涸后，"脱壳成型"。经长期的实践与改进，这种新的胚骨工艺终于在汉代完全成熟，取代了其他器型技术，成为汉代漆器最典型的胚骨工艺。它便是闻名于世的"夹纻"技术。

两晋南北朝时期，漆器工艺应用到了佛像的制作上，用汉代的"夹纻"法制作佛像。漆器与绘画结合，突破了平涂的局限，出现了晕色新技法，增强了画面的立体感。唐代漆器最突出的成就是工艺技术上的进步，主要体现为金银平脱的盛行、螺钿镶嵌的发展和雕漆的出现。特别是雕漆的出现，使人们开始利用漆质自身进行艺术创作。

唐代"平脱"技术的发明，促成了漆器表层光洁处理技术的飞速进步。"素髹"工艺始于唐代，并终在南宋日臻成熟，达到炉火纯青的境地。宋代漆器最能体现时代特点的是一色漆器。此外螺钿镶嵌、雕漆等工艺也各放异彩。

元代漆工艺有实物保存下来而且表现出较高水平的有螺钿、雕漆等，尤其是雕漆达到了登峰造极的地步。

明清时期漆器制造业最大的特点就是将两种或多种髹饰结合在一起，突破了单一技法的装饰，使漆器更加绚丽生辉。其间最常见的漆器有一色漆器、雕漆、填漆、彩绘、描金、堆漆、款彩（刻漆）、犀皮等。

目前所见的传统漆器工艺除了博物馆藏品和考古出土文物外，在民间还多有流传。

同学们，你们对传统的漆器工艺有了解了吗？如果你们对传统漆器工艺感兴趣并希望进一步了解的话，可以去阅读书籍《髹饰录》哦！

现代漆器的传承与发展

在当今漆器文化中，继承传统方面较为突出的有扬州漆器、平遥推光漆器、福建脱胎漆器及成都漆器四种知名度较高的漆器。

随着科技进步，新的材料、技法和工具随之出现，现代漆器制作已不完全拘泥于传统大漆的工艺流程和技术。腰果漆、合成漆以其适应性强，操作简便，色彩丰富、鲜艳，价格便宜等特点很快成为天然漆的补充，参与到漆器制作里。原本是生活废弃物的蛋壳也被引入漆器制作，并展示出可贵的白色和其自身龟裂纹理之美。变涂技法由来已久，但现代的变涂已不限于古代变涂对自然物的模仿，而是更关注肌理所具有的抽象美。由此也产生了极具趣味性的起纹办法，如利用纸片、丝网、蛋壳粉、稀释剂等起纹。

新材料、新技法的出现也使得新工具应运而生，如钩刀、捣箔粉筒、打磨机、旋转台、漆粉粉碎器等。这些新工具被引入漆器制作中，不仅降低了成本，也简化了工艺流程。部分有时代观念的优秀漆器工作者，摆脱了原来的复制、修复文物的狭窄圈子，从社会文化生活中获取灵感，将新材料、技法、工具运用到漆器中，使它们表现出很强的现代气息。

漆器的发展是多种因素共同作用的结果，而实用性、审美性、时代性又是其中至关重要的因素。从对传统漆器的学习中，我们可以看到它们的存在和重要地位；从寻求现代漆器发展的机遇中，我们同样意识到它们不可低估的影响力。

小 拓 展

同学们，通过学习，你们对中国漆器有更深入的了解了吗？如果你们对中国漆器感兴趣，可以阅读《扬州漆器史》《漆器考》等书籍哦！

竹器

实用美观的竹器的历史

竹子是多年生常绿植物，茎中空有节，可用来编制器具。我国古代所称"不刚不柔，非草非木，小异空实，大同节目"的植物就是竹。

我国人民历来喜爱竹子，竹子在中国象征君子。中国是世界上研究、培育和利用竹子最早的国家。从竹制品在中国历史文化发展和精神文化形成中所产生的巨大作用，竹子与中国诗歌、书画和园林建设的源远流长的关系，以及竹子与人民生活的息息相关中不难看出，中国不愧为"竹子文明的国度"。几乎没有哪一种植物能够像竹子一样对中国的文明产生如此深远的影响。

中国竹产品的发展历史可追溯到新石器时代，浙江吴兴县钱山漾村新石器时代遗址出土文物中就有竹箩、竹篮、簸箕等竹编器，甲骨文中也有竹制品的记载。竹为"八音"之一，周代竹制乐器已有七类之多。商代，竹简成为通用的书写材料。春秋战国时期，竹简广泛流行，一些与衣、帽、器皿、书籍、家具、建筑构件等有关的文字也多从"竹"旁，都说明这些物品的制作或组成与竹有关。竹纸的记载始于唐代；在宋代，作为景观的竹桥在南方很常见。长沙汉代马王堆的出土文物中也有许多保存完好的竹制物品，其功能和形式与现在几乎没有什么区别。北宋刊行的《营造法式》中将"竹"作一项，分为苫盖笆席、隔截编道、竹篾隔网、竹席铺地和庭院围篱等。

中国的陶器也始于新石器时代，它的发轫与竹编密切相关。先人在无意中发现，涂有黏土的容器经火烧后不易透水，可以盛放液体。于是，古人先把竹藤编制的篮筐作为模型；再在篮筐里外涂上黏土，制成竹胎的陶坯；最后在火上烘烤制成器具。后来人们直接用黏土制成各种成形的坯胎，就不再使用竹编了。但是出于对竹子编织物几何图形的喜爱，人们在陶坯半干时，在其表面拍印竹子编织物的纹样作为装饰。

殷商时代，竹藤的编织纹样丰富起来。在陶的印纹上出现了方格纹、米字纹、回纹、波纹等纹饰。到了春秋战国时代，竹的利用进一步扩大，竹子的编织逐步向工艺方面发展，竹编图案的装饰气味越来越浓，编织也日渐精细。战国时期，楚国的编织技法也已经十分发达，出土的竹制品有竹席、竹帘、竹笥（即竹箱）、竹扇、竹篮、竹篓、竹筐，共计百余件。

秦汉时期的竹编沿袭了楚国的编织技艺。1980年，我国考古工作者就在西安出土的"秦始皇陵铜马车"底部发现方格纹。据专家分析，这方格纹就是根据当时竹编席子的方格纹翻铸的。

灯节活动自唐代以来就在民间流传，至宋代已经十分流行。一些达官贵人往往会请制灯艺人创制精致的花灯。其中一种就是以竹篾扎骨，在外围糊上丝绸或彩纸。有的花灯还用竹丝编织作为装饰。龙灯起源于汉代，到宋代更为盛行。龙头、龙身大多以竹篾作内骨编制而成，龙身上的鳞片也往往用竹丝扎结。还有一种叫"竹马戏"的民间小戏，自隋唐起流传至今。演出的戏往往与马相关，如《昭君出塞》等，演员骑的马就是用竹子做成的。

明代初期，江南一带从事竹编的艺人不断增加，他们游街串巷，上门加工。竹席、竹篮、竹箱都是相当讲究的竹工艺制品。著名的益阳水竹凉席就创始于元末明初。明代中期，竹编的用途进一步扩大，竹制品越来越精巧，人们还将它和漆器等的工艺结合起来，创制了不少较为高级的竹编器皿，如珍藏书画的画盒、盛放首饰的小圆盒、安置食品的大圆盒等。褐漆竹编圆盒就是明代官宦人家使用的一种典型的竹编圆盒。

清代，特别是乾隆以后，竹编工艺得到全面发展。江浙一带出现了竹篮。19 世纪末至 20 世纪 30 年代，中国南方各地的工艺竹编蓬勃兴起。竹编技法和编织图案得到完善。

同学们，通过学习，你们对中国古代竹器的发展有了解了吗？如果你们对中国古代竹器感兴趣，可以阅读《竹木家具设计与产品开发》《中国竹编艺术》等书籍哦！

现代竹器的传承与发展——东阳竹编

东阳竹编历史悠久，名师辈出，工艺精巧，风格独特，以立体造型和精编细织闻名，在工艺竹编中独树一帜。它是国家级非物质文化遗产，也是我国传统工艺美术园地中一个很有特色的品种。

改革开放以来，东阳竹编枯木逢春，蓬勃发展，先后获轻工部优质产品、浙江精品、中国工艺美术百花奖"银杯奖""金杯奖"、中国民间艺术一绝大展金奖等。创立品牌和打造精品已成为新时期竹编工艺品生产的一个亮点。在国家级、省级、部级工艺美术大展、大赛或博览会上，东阳竹编工艺品多次获奖，在全国县市级竹编同行中遥遥领先。其中何福礼的《竹丝白鹤鼎》《大象》《咏鹅图》《哪吒闹海》等，卢光华的大型竹编书法《兰亭序》，徐经彬的《千禧龙盘》，为全国专家、行家和广大群众所称道。

1997 年，何福礼为香港社会服务联会庆祝香港回归而特制的 2 500 米长的巨型龙灯，获当年吉尼斯世界纪录奖牌。

近年来，东阳市政府将竹木加工业列入六大支柱产业，使东阳竹编工艺重新焕发青春。每年举办的中国东阳木雕竹编工艺美术博览会，不断引入更多传承与创新并举的新鲜元素，为竹编的发展注入新的活力和原动力。由于竹木替代品不断出现，毛竹的使用量日益萎缩，东阳毛竹主要用于建筑搭架和竹跳板，其他应用较少。为此，东阳独辟蹊径，将竹编工艺的艺术性与竹制生活用品的实用性相结合，创造性地在竹制生活用品中添入艺术元素，使竹制生活用品获得广大消费者的青睐。

小 拓 展

同学们，通过学习，你们对中国竹器有了更深入的了解了吗？如果你们对此感兴趣，可以去"中国手艺网"查阅相关资料哦！

趣味闯关夺宝珠

小关卡一：红木知识填一填

◎ 红木主要分为_____、_____、香枝木、黑酸枝木、_____、乌木、条纹乌木和_____八大类别。

◎ _____在我国有着深远悠久的历史。在原始社会就已经出现了_____等，到唐宋时期，_____工艺的技术变得更加纯熟和精湛。

◎ 明清时期，我国的木雕艺术发展已经达到了一个顶峰时期，不论是从艺术效果、_____，还是_____上，都更加注重_____与_____的结合。

小关卡二：漆器知识填一填

◎ 中国是一个漆器之国，_____是中国古代的一大发明。

◎ 中国古代漆器"四大经典之作"是：汉代的_____技术，唐代的_____技术，宋代的_____技术和元代的_____技术。

◎ 明清时期漆器制造业最大的特点是_____，突破了_____的装饰，使漆器更加绚丽生辉。

小关卡三：竹器知识填一填

◎ 竹子在中国象征_____。中国是世界上研究、_____和_____竹子最早的国家。

◎ 19世纪末至20世纪30年代，中国南方各地的工艺竹编蓬勃兴起。竹编技法和编织_____得到完善。

◎ 东阳竹编历史悠久，以_____和精编细织闻名，在工艺竹编中独树一帜，是国家级_____。

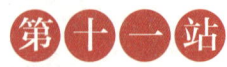

艺术出生活，民间有高手。

阳春白雪雅，下里巴人趣。

门户贴年画，娃娃抱胖鱼。

北有杨柳青，南有桃花坞。

开轩贴窗花，精细惹人赞。

捏个小泥人，栩栩尽如生。

拉着兔儿跑，张灯又结彩。

蝴蝶戏长龙，纸鸢舞长空。

眼耳手脑心，小小艺术家！

刺绣是中国民间传统手工艺之一,至今已有二三千年历史。其特色和艺术价值,直接体现在四大名绣——苏绣、湘绣、蜀绣、粤绣上。本次艺术廊活动将带领大家了解中国四大名绣。

刺绣

刺绣的历史

刺绣是中国优秀的民族传统工艺之一，是指用绣针牵引彩线，按设计好的花纹在纺织品上穿梭运针，以线绣的痕迹构成花纹图案的一种工艺。绣出的花卉不闻犹香，飞禽栩栩如生，走兽神态逼真，常被用来装饰服饰、枕被等生活用品，或被制成精美的手工艺品。

中国刺绣源远流长，凝聚着中华民族的智慧，形成了独特的工艺门类，达到了较高的水平，在中国传统工艺美术行业颇具影响，也在世界服饰文化舞台上占有重要的地位。

中国刺绣已有两三千年的历史。传说在古代苏州地区，有一位聪颖美丽的姑娘在出嫁前赶制一件新嫁衣，缝制中不留神在衣襟上戳了一个洞，姑娘急中生智，用彩线在破处绣上一朵小花。这样一来，不仅将破洞掩住，也使整件衣服增色不少，可谓锦上添花。受此启发，人们开始将刺绣运用于日常服饰，并渐渐形成风尚。

春秋时期，吴人就开始把刺绣工艺应用于美化生活。到三国时期，刺绣已有较高水平，据说三国时期吴王的赵夫人利用自己既能作画又擅长刺绣的优势，为孙权制了一幅"画绣"，因此，赵夫人被当时的人赞为"针绝"，她也因此成为"画绣"的鼻祖。唐宋时期，刺绣作品施针匀细，色彩丰富，当时崇尚刺绣服饰的风气使刺绣在民间流行。明清时期，封建王朝的宫廷绣工规模很大，民间刺绣也得到了进一步的发展，刺绣技术和生产达到了空前的繁荣，出现了对后世影响非常大的"四大名绣"，即江苏的苏绣、湖南的湘绣、四川的蜀绣、广东的粤绣。此外还有北京的京绣、上海的顾绣、开封的汴绣等，它们产地不同，风格迥异。

在男耕女织的中国封建社会，女子被要求从小学习刺绣，掌握娴熟的刺绣技艺，刺绣因而也被称为"女红"，成为大家闺秀们排遣寂寞、怡养性情的最主要方式。

刺绣工艺的产生不仅对中国意义深远，而且在国际文化生活中产生了重大影响。秦汉时期，绣品已成为对外输出的主要商品。到近现代，油画、国画、照片等艺术形式被运用于刺绣，使之达到远看是画、近看是绣的绝妙效果，刺绣的用途因而也进一步扩大。刺绣产品作为中国传统的外贸商品，获得了全球的关注和追捧，具有很高的艺术价值和经济价值。

四大名绣

中国刺绣的特色和艺术价值直接体现在四大名绣上。

苏绣

苏绣是苏州地区刺绣产品的总称，为江苏省苏州市民间传统美术。苏绣起源于苏州，是四大名绣之一，拥有2000多年的历史，是我国最具代表性的国家级非物质文化遗产之一。早在2006年，苏绣就被列入第一批国家级非物质文化遗产名录。

苏绣《舞恋图》

苏绣以针脚细密、色彩淡雅、绣品精细而著名，堪称刺绣中的精品。苏绣作品的主要艺术特点为：山水能分远近之趣；楼阁具现深邃之体；人物能有瞻眺生动之情；花鸟能报绰约亲昵之态。苏绣的仿画绣、写真绣，以其逼真的艺术效果名满天下。

湘绣《狮》

湘绣

湘绣是以湖南长沙为中心，在湖南民间刺绣工艺的基础上，吸取了苏绣和粤绣的精华而发展起来的刺绣工艺品，至今已经有2000多年历史。它是中国四大名绣之一，强调写实，色彩明快，以中国画为底，风格豪放，堪称"绣花能生香，绣鸟能听声，绣虎能奔跑，绣人能传神"。

蜀绣

蜀绣《芙蓉鲤鱼》

蜀绣，又名"川绣"，四川省成都市特产，中国国家地理标志产品，东晋以来与蜀锦并称"蜀中瑰宝"，为中国四大名绣之一。

蜀绣构图简练，以软缎和彩丝为主要原料，多用传统的民族图案，紧密柔和，富有装饰性。其在悠久的发展历史中逐渐形成针法严谨、片线光亮、针脚平齐、色彩明快等特点，针法之多居四大名绣之首。据统计，蜀绣针法有12大类，122种之多。

粤绣

粤绣，又名"广绣"，是广州刺绣和潮州刺绣的总称，起源于唐代。它是中国四大名绣之一，国家级非物质文化遗产之一。

粤绣在明朝中后期形成特色。其特点是：①用线多样，除丝线、绒线外，也用孔雀羽毛捻缕作线，或用马尾缠绒作线；②用色明快，对比强烈，讲求华丽的效果；

粤绣《晨曦》

③多用金线作刺绣花纹的轮廓线；④装饰花纹繁缛丰满，热闹欢快；⑤绣工多为男工。

趣味闯关夺宝珠

小关卡：填一填

◎ 刺绣是中国优秀的_____之一。在封建社会，女子被要求从小学习刺绣，掌握娴熟的刺绣技艺，刺绣因而被称为"_____"。

◎ 刺绣产品作为中国传统的外贸商品，获得了全球的关注和追捧，具有很高的_____价值和_____价值。

◎ 四大名绣是指：_____、_____、_____、_____。

 带你逛匠心百科  第十二站

游乐场

小朋友，爱游戏，传统游戏乐趣多。

放学后，聚一处，大家一起玩玩闹。

七巧板、抽陀螺，比比谁的手儿巧。

荡秋千、踢毽子，看看谁的技巧高。

骑竹马、踩高跷，放下书包蹦蹦跳。

竹蜻蜓、拨浪鼓，小朋友们齐欢笑。

小朋友们,本次中华园游览已接近尾声,每个场馆大家都认真看,用心记,一定有些疲劳了吧!那就让我们在游乐场中放松一下,尽情地玩一玩"跳绳"吧!

跳绳

老少皆宜的跳绳历史

跳绳在中国已有数千年的历史，唐代称跳绳为"透索"，宋代称之为"跳索"，明代称之为"跳白索""跳百索""跳马索"，清代称之为"绳飞"，民国以后才统一地称之为"跳绳"。在古代，跳绳活动不仅是一种体育运动，还是一种发生在节令期间的娱乐活动。古人常把跳绳归于杂耍之流，所以常常将它与杂耍项目混在一起进行表演。古代的跳绳活动还包含了人们祛病消灾、祈祷平安、娱乐大众的精神诉求。

南北朝时期，在黄河流域的农村中，就有每逢农历正月十六进行儿童跳绳比赛的风俗，胜者有奖，绊绳者受罚，古人将这种活动称为"跳索"。从这个名称来看，古人所跳的绳子应当是长绳，因为只有长绳才可以被称为"索"。既然绳子很长，那应当是许多人一起跳绳，也就是现代人所说的"跳大绳"。从"跳百索"这个称谓来看，古人的跳绳活动应当是一种集体活动，是集合了众多的人来参与的。只有跳绳的人多，才会有气势，才会形成强大的震慑力量，让病魔望而生畏。所以，"跳百索"就成了黄河流域的一种驱邪的手段。

唐代跳绳被称作"透索"，如唐人段成式在《酉阳杂俎·境异》中记载："婆罗遮，并服狗头猴面，男女无昼夜歌舞。八月十五日，行像及透索为戏。"从中可看出跳绳在节令期间被人们作为庭院娱乐活动。

到了宋代，跳绳被称为"跳索"。宋代孟元老在《东京梦华录》第九卷中记载："百戏乃上竿、跳索、倒立、折腰、弄碗注、踢瓶、筋斗、擎戴之类。"

这一记载描述了东京城里人们的生活娱乐情景，说明当时有各种杂技活动供人们欣赏。因为"跳索"在古时被归为杂耍活动，所以它经常被拿来与其他杂耍活动一起表演。它需要表演者具有较高的技艺。

明清时代，有关跳绳活动的记载更多，如清代《济南府志·风俗》中记载:"每年孟春正月元旦……儿女以绳跳为戏。"清代书籍《松风阁诗钞》中也有关于跳绳的记载:"白光如轮舞索童,一童舞索一童唱,一童跳入光轮中。"

古代的跳绳活动虽不限男女和年龄大小,但真正经常跳绳者还是儿童,而且大型的跳绳活动多发生在节令时,用以驱邪祈福。古代的跳绳活动和现代的跳绳活动一样,是一种简便易行的运动项目。它不需要特殊的场地和特殊的服装,也不需要专门的运动器械和运动规则。参与者运动起来非常欢快轻松,参与人数不受限制,观众也可以随时加入其中。因此,跳绳活动具有强大的融合力与感染力。

另外,从记载上来看,古代的跳绳运动是一项老少皆宜的运动,古代的儿童可以把跳绳当成一种日常的游戏和健身活动,古代的成年人可以把跳绳当成一种健身项目或一项杂耍活动。这种运动既可以在年节时娱乐公众,也可以让人们在自家庭院里健身嬉戏,是一项极具普及性的体育活动。古代的跳绳活动已经超出了体育的范畴,进入表演领域,并跻身于百戏之中。这说明古代的跳绳活动不仅是一种运动,而且是一种观赏性的表演;同时还说明古代的跳绳活动技巧性很强。古人在基本的跳绳活动中融入了舞蹈、音乐、剑术、马戏、杂耍等元素,使跳绳活动的内涵更加丰富,也使体育与其他项目有了更好的兼容性。

小拓展

同学们,通过学习,你们对中国古代跳绳运动的发展有所了解了吗?如果你们对此感兴趣,可以查阅《松风阁诗钞》等书籍哦!

现代跳绳的传承与发展

花样跳绳最初是从跳绳的故乡——陕西对外广泛传播的,并多次在全国掀起热潮。1959年,陕西师范大学开办了中国第一个跳绳培训班,使跳绳有了组织,也加大了跳绳的推广力度。之后,陕西师范大学又对跳绳运动进行了整理、规范,开创了举行跳绳运动大赛的先例,先后在西安举办了两届跳绳大赛,并首次在电视台对这一比赛进行直播。

2007年,国家体育总局颁布了我国第一部跳绳竞赛规则——《中国跳绳竞赛规则》,使跳绳运动的开展更加规范,同时也完善了我国跳绳运动的竞赛组织。同年,在体育总局社会体育指导中心的推动下,我国举办了首届全国跳绳公开赛,赛事的举办打开了我国跳绳运动发展的新局面,促使其走上规范、健康、快速发展的轨道。2010年,花样跳绳在上海世博会上得以向世人展示,赢得了全世界的一致好评。花样跳绳作为中国传统运动项目,向人们宣扬了它源于我国古代跳绳这一民间体育项目的文化内涵,同时对传播我国悠久的历史文明具有非凡的意义。2010年10月,国家体育总局在原有竞赛规则的基础上审定通过了新的跳绳竞赛规则,将跳绳比赛分为计时计数比赛、花样比赛和表演赛三大类,并列出详细的评价标准,结束了中国跳绳竞赛无统一标准的历史。

随着跳绳运动的发展,花样跳绳活动在校园中得到大力推广,已成为很多学校的校园品牌、校园文化。

随着时代的发展和进步,以及经济水平的大幅度提高,民族传统体育产业的地位得到提升。跳绳成为一个新兴的体育产业,是市场经济发展的客观要求。跳绳作为民族传统体育项目,在社会上得到大力的推广和普及,走社会体育产业化道路是其未来发展的主要趋势。

　　同学们,通过学习,你们对中国跳绳有了更深入的了解了吗?如果你们对跳绳感兴趣,可以拿起绳子跳起来,也可以去"中国跳绳官方网站"查阅相关资料哦!

趣味闯关夺宝珠

小关卡一：填一填古代跳绳知识

◎ 跳绳运动在中国已有数千年的历史，唐朝称跳绳为_____，宋代称之为_____，明代称之为_____，清代称之为_____，民国以后才统一地称之为_____。

◎ 古代的跳绳活动虽不限男女和年龄大小，但真正经常跳绳者还是_____，而且大型的跳绳活动多发生在_____，用以_____。

◎ 古人在基本的跳绳活动中融入了舞蹈、_____、剑术、_____、杂耍等元素，使跳绳活动的_____更加丰富，使体育与其他项目有了更好的兼容性。

小关卡二：填一填现代跳绳的发展

◎ 2010年10月，国家体育总局审定通过新的跳绳竞赛规则，将跳绳比赛分为_____、_____和表演赛三大类，结束了中国跳绳竞赛无统一标准的历史。

◎ 为了使跳绳运动能够持续、长久地发展，我们应该将花样跳绳发展为校园的体育_____，并将它定位为一种_____，使它成为一种_____。

◎ 花样跳绳活动在校园中得到大力推广，已成为很多学校的_____、_____。